Bernd Saal

Der Apfelbaum im Schnee

Bernd Saal

Der Apfelbaum im Schnee

Vorlesebuch für Senioren
Heiter-besinnliche Kurzgeschichten

schlütersche

Bibliografische Information der Deutschen Nationalbibliothek
Die Deutsche Nationalbibliothek verzeichnet diese Publikation in der Deutschen Nationalbibliografie; detaillierte bibliografische Daten sind im Internet über http://dnb.ddb.de abrufbar.

ISBN 978-3-89993-300-0 (Print)
ISBN 978-3-8426-8408-9 (PDF)

Umschlaggestaltung: Michael Fröhlich
Titelbilder: Volker Z; Kautz 15 – fotolia.com
Bildnachweis: Jahreszeitenbilder: photomic; Irina Fischer; R. Roulet; Dinadesign. Alle fotolia.com
Porträt Bernd Saal: Norbert Pieschel
Satz:. PER Medien+Marketing GmbH, Braunschweig
Druck: Beltz Bad Langensalza GmbH, Bad Langensalza

Inhalt

Vorwort

Bernd Saal war ein ungewöhnlicher Mann, nachdenklich, oft unkonventionell, manchmal unbequem, aber immer auf der Seite der Menschen und der Menschlichkeit.

In seinem Beruf als Pfarrer in Coburg konnte er lange Jahre in seiner unnachahmlichen Art wirken und viele Menschen ein Stück ihres Lebens begleiten.

Dabei half ihm eine besondere Gabe: Er konnte Geschichten erzählen. Berührende Geschichten, die es verstehen, Saiten der Seele des Hörenden oder Lesenden zum Klingen zu bringen. Dabei ist alles offen. Niemals zwingt der Autor eine Deutung seiner Erzählungen auf.

Man kann die Geschichten lesen und sich dabei einfach an der Sprache oder den kräftigen Farben der Bilder freuen, man kann entspannen und einen Augenblick zur Ruhe kommen.

Man kann die Geschichten aber auch tief in sich sinken lassen, auf die feinen Töne achten, sie weiterdenken, dem Sinn für das eigene Leben nachspüren, ungewohnte Gedanken zulassen und sie mit hinein nehmen in das eigene Erleben.

Bernd Saal – ein ungewöhnlicher Mann mit einem weiten und auch weisen Blick auf das Leben.

Einige seiner Geschichten sind jetzt in diesem Band veröffentlicht.

Sie laden ein, selbst Erfahrungen zu sammeln mit diesen besonderen Erzählungen. Diese guten Erfahrungen wünsche ich allen, die dieses Buch in die Hand nehmen.

Gabriele Töpfer
Pfarrerin in Coburg

Frühling

Frühlingsträume

Der Frühling kündigte sich an, und er konnte sein Kommen spüren. Die Luft wehte mild. Die Vögel sangen fröhlich ihre Lieder. Die Erde roch würzig. Und überall: helles, lebendiges Grün. Er atmete durch, als er am Teich im Park entlangging. Die Enten quakten, die Schwäne schwammen – alles war in Bewegung. Ach, der lange und kalte Winter war endlich vorbei! Leben regte sich, und Leben berührte ihn.

In dieser Zeit wurden ihm immer besondere Träume geschenkt, mitten am Tag: Tagträume. Es war, als ob ein Engel sie ihm in die Augen streuen würde, und er ahnte dann, wie das Paradies sein könnte.

Im Sommer war das nicht der Fall. Da wogte alles hin und her, da breitete sich alles aus, da drängte alles zur Frucht. Im Herbst nahm er die Müdigkeit in allem wahr, nahm wahr, wie die Kraft nachließ, und wie alles bereit war, loszulassen. Und im Winter schien alles zu erstarren, und es schien ihm dann, als könnte nie etwas Lebendiges wieder wachsen. Doch nun war der Winter vorbei. Nun kündigte sich der Frühling an, und ihm wurden diese Träume geschenkt.

So stellte er sich dann das Paradies vor. Neu, wachsend, jung. Wie ein Garten, der aufblüht. Wie ein klarer Bach, der dahinplätschert. Mit frischem Grün und hellblauem Himmel. Alles war lebendig. In allem lag ein Lächeln. Alles war ursprünglich, schöpferisch, ja spielerisch.

Neben ihm schimmerte eine Gestalt auf, flüchtig und durchscheinend. In der Hand trug sie einen Adler aus Kristallglas. »Glaubst du«, sagte die Gestalt zu ihm, »wir sind nur auf den Frühling beschränkt?«

Er stand ein wenig erschrocken da. Er hatte noch nie erlebt, dass seine Tagträume lebendig wurden. Er zupfte sich am Ohr, um festzustellen, ob die Gestalt eine Einbildung war oder nicht. »Im ganzen Leben gibt es dieses Wundersame«, fuhr die Gestalt fort, »auch wenn alles älter wird und vergeht. Wer das Leben zulässt, bleibt jung. Wer es nicht einsperrt, durch den fließt es hindurch. Wer es nicht vergiftet, lässt die Frucht wachsen.«

»Aber«, er widersprach, »aber das Alter und die Krankheiten. Der Schmerz und die Einsamkeit. Das kannst du doch nicht übersehen.«

»Nein«, sagte die Gestalt neben ihm. »Wir übersehen das nicht. Wir nehmen es an. Auch der Bach muss sich durch die Felsen des Berges quälen. Auch die Blume muss die schwere Erde durchstoßen. Doch sie leben weiter. Im Fluss oder im Meer. In der Blüte oder im Duft. Wir leben alle weiter, nur anders. Und für manche ist der Weg schwer.«

»Wir leben weiter?«, fragte er zweifelnd. »Es ist doch nur die Erinnerung, in der wir leben.«

»Das meine ich nicht«, sagte die Gestalt. »Denn die Erinnerung ist nur vorübergehend. Du brauchst nur über die Friedhöfe zu gehen und die aufgelassenen Gräber zu betrachten. Nein, das meine ich nicht.«

»Und was meinst du dann?«, fragte er. »Vielleicht sind meine Träume ja nichts weiter als meine Wunschträume, nichts weiter. Und in dir verkörpern sie sich.«

Die Gestalt schaute ihn an. »In allem liegt eine Kraft, die erneuert«, sagte sie ruhig, »eine ursprüngliche, schöpferische Kraft. Sie verwandelt dich in etwas anderes. Und im anderen lebst du weiter. Siehst du den Adler in meiner Hand? Er ist ein Symbol für den Lebensweg. Hoch steigt er auf, der Sonne entgegen, und ihre Strahlen spiegeln sich in seinen Augen. Er strebt der Weite entgegen auf seinem mühsamen Weg durch die Zeit. So, wie wir alle es tun.« Die Gestalt löste sich langsam auf und verschwand.

Er stand da und sah die Enten auf dem Teich und die Schwäne. Er roch das frische Grün und spürte, wie die Luft ihn sanft berührte. Alles war von Leben erfüllt, und alles ging auf neues Leben zu. Als er in seine Manteltasche langte, berührten seine Finger eine Figur. Es war der Adler aus Kristallglas.

Blütenblätter

Eine eigenartige Erwartung lag über allem. Die Bäume schauten in alle Himmelsrichtungen. Aber es war nichts zu sehen. Und sie flüsterten ihren Knospen zu: »Wartet noch, wartet noch, noch ist es nicht so weit!« Doch die Erwartung war überall zu spüren.

Einige Blumen hatten es schon gewagt, ihre Blüten zu öffnen und sich vom sanften Wind wiegen zu lassen. Die Meisen zwitscherten und hüpften aufgeregt zwischen den Zweigen herum. Sogar eine Maus schaute neugierig aus ihrem Loch heraus. Alle warteten. Aber noch war niemand gekommen.

Bei den Kindern war es ähnlich. Sie kamen gerade von der Schule und stapften nach Hause. Sie hatten noch ihre Wintermäntel an, doch einige hatten die Handschuhe schon ausgezogen. Immer wieder schauten sie hinüber zum nahe gelegenen Wald. Sie spürten, dass die Bäume warteten, so als würde heute oder morgen jemand kommen in all seiner Pracht.

Als die Kinder nach Hause kamen, sahen sie, wie ihre Mütter die Wohnungen putzten. Was gab es da nicht alles zu tun! Die Böden mussten gewischt werden, die Teppiche geklopft und die Fenster gereinigt. »Warum macht ihr das?«, fragten die Kinder. »Das muss sein«, antworteten die Mütter. »Wenn er kommt, muss alles wieder ordentlich und sauber sein.« »Wer soll denn kommen?«, fragten die Kinder. Die Mütter lachten: »Ein Prinz wird kommen, ein Prinz in all seiner Pracht.« Und dann mussten die Kinder ihre Schulranzen ablegen und mithelfen, denn auch für Kinderhände gab es genug zu tun.

Als die kleine Gerda am Abend im Bett lag, fragte sie ihren Vater, der gerade von der nahe gelegenen Schreinerei gekommen war: »Die Mutter hat gesagt, wir warten auf einen Prinzen. Stimmt das? Kommt der Prinz aus der großen Hauptstadt wirklich zu uns? In seiner Kutsche, mit den vielen Reitern und mit der großen Fahne?« Der Vater lächelte und sagte: »Es gibt auch andere Prinzen. Die brauchen keine Kutschen. Die reiten auf dem Wind daher, und in ihrer Hand halten sie ein großes Füllhorn voller Blumenblätter. Die werfen sie in die Luft, damit überall Blumen blühen. Und sie rufen den Bäumen zu: ›Weckt eure Knospen auf!‹ Und sie rufen den Tieren zu: ›Heraus aus den Winterlöchern!‹«

»Solche Prinzen gibt es auch?«, dachte die kleine Gerda, und dann fielen ihr die Augen zu. Und in ihrem Traum sah sie den Prinzen. Er lächelte ihr zu und sagte: »Ich will dir auch ein paar Blütenblätter zuwerfen, damit du immer schön träumen kannst. Und wenn Drachen in deinen Träumen erscheinen, dann hältst du ihnen einfach Blütenblätter vor die Nase. Sie verwandeln sich in Kuscheltiere, wenn sie deren Duft einatmen.« »Das ist gut«, sagte die kleine Gerda in ihrem Traum zum Prinzen. »Solche Blütenblätter könnte ich im normalen Leben auch gebrauchen.« Da lächelte der Prinz und sagte: »Im normalen Leben gibt es sie auch. Man muss sie nur sammeln«. »Wirklich?«, meinte die kleine Gerda im Traum. »Wirklich?« Der Prinz lächelte: »Ich streue sie zu jedem Jahresbeginn aus. Da musst du sie sammeln für das ganze Jahr. Doch nun schlaf, kleine Gerda.« Und die kleine Gerda legte sich im Traum zum Schlafen zurecht und schlief ein.

Als sie am nächsten Morgen zum Fenster hinausschaute, da sah sie, wie alles blühte. Die Blumen wiegten sich im Wind, die Knospen der Bäume waren aufgesprungen, die Vögel zwitscherten und hüpften voller Freude in den Zweigen. Da nahm die kleine Gerda sich nicht einmal Zeit, sich anzuziehen, sondern lief sogleich in ihrem Schlafanzug hinaus in den Garten.

»Was machst du?«, rief ihre Mutter erstaunt. »Ich muss Blütenblätter sammeln«, rief die kleine Gerda zurück. »Ich brauche sie, wenn Drachen in meinen Träumen erscheinen. Und ich kann sie auch im normalen Leben verwenden. Das ganze Jahr über. So hat es mir der Prinz gesagt. Aber ich muss die Blütenblätter jetzt sammeln. Jetzt, zu Jahresbeginn.« Die Mutter schüttelte den Kopf. »Was Kinder manchmal träumen«, sagte sie. Doch in ihren Augen konnte man lesen, dass sie ihr Kind verstanden hatte.

Die kleine Maus

Das Mädchen lag in seinem Bett am Fenster seines Zimmers. Es hörte das Lachen der Kinder, die draußen herumtollten. Aber es durfte nicht mit ihnen herumtollen, es musste im Bett bleiben. Eine Woche lang, hatte der Arzt gesagt, – eine lange Woche, und die Tage wollten kein Ende nehmen.

Als es dunkel wurde, kam sein Vater mit einem Buch herein und setzte sich zur ihm ans Bett. »Ich will dir wieder eine Geschichte vorlesen«, sagte er. »Diesmal ist es die Geschichte von der kleinen Maus.« Er rückte ihr das Kissen zurecht und machte die Nachttischlampe an. Dann schlug er das Buch auf und begann zu lesen.

»Unten in der Erde lebte eine Mäusefamilie, Vater und Mutter und fünf Mäusekinder. Es war warm unten in der kleinen Wohnung, und sie hatten es sich gemütlich gemacht. Sie unterhielten sich, sie holten Gesellschaftsspiele hervor, um sich die Zeit zu vertreiben, und sie tobten in den weitläufigen Gängen herum, die sie unter der Erde angelegt hatten.

An die Erdoberfläche konnten sie nicht. Denn es war Winter, und dicker Schnee lag über ihrer Wohnung. Der Frost stapfte jeden Tag vorbei, aber was viel schlimmer war, die Raubvögel warteten auf sie. Mit wachen Augen schwebten sie über die Schneedecke und warteten darauf, dass sich eine von ihnen zeigen würde.

Die Kleinste der Mäusefamilie war wach und neugierig. Nachdem sie alle Gesellschaftsspiele gespielt hatte und alle Gänge erforscht hatte, langweilte sie sich. Sie beschloss, nach oben auf die Erdoberfläche zu gehen, mochten die Eltern sie noch so sehr vor den Raubvögeln warnen. ›Ach‹, sagte sie nur. ›Eltern müssen einem immer alles vorschreiben.‹

Einmal hätte sie es beinahe schon geschafft, doch die ganze Familie hing an ihrem Mauseschwanz und zog sie wieder zurück. Den dunklen Schatten draußen sah die kleine Maus nicht, so verärgert war sie, dass es ihr nicht gelungen war, hinauszukommen. Aber beim zweiten Mal wollte sie es klüger anstellen.

Sie ging ganz brav ins Bett und tat so, als würde sie gleich einschlafen. Doch in Wirklichkeit wartete sie nur auf eine günstige Gelegenheit. Die kam, als alle schliefen. Da schlüpfte sie leise aus ihrem Bett und verließ die sichere Wohnung. Sie ging an die Erdoberfläche.

Ach, wie schön war das! So still und so herrlich! Der Mond schickte sein Licht und verwandelte alles in einen glänzenden Palast voller schneebedeckter Tannen. Und die kleine Maus dachte: wirklich, sie hatte es immer schon gewusst. Die Eltern würden einem nichts gönnen, nur vorschreiben konnten sie!

Jetzt bekam sie richtig Lust auf mehr Abenteuer, und sie stapfte fröhlich über das weite, offene Feld. Da spürte sie, wie ein Schatten über sie fiel und über ihr verharrte. Ihr Herz begann zu pochen. Der Mond lachte ihr hämisch zu, die schneebedeckten Tannen kicherten vor sich hin, sodass ihnen der Schnee herunterfiel. Ja, wer sich so dumm in Gefahr begibt, der muss büßen! Um den ist es nicht schade!

Doch die kleine Maus gab nicht auf. Sie kehrte auf der Stelle um, lief zurück, so schnell sie konnte, ihre Fußspuren entlang, hinein in das Mauseloch – und entkam. Sie hörte nur noch den bösen Schrei des Raubvogels. Leise schlüpfte sie wieder in ihr Bett und sagte kein Wort am nächsten Tag. Doch gedulden wollte sie sich von nun an, bis der Frühling kam.«

Der Vater klappte das Buch zu und schaute seine Tochter an. »Ich bin wohl die kleine Maus?«, fragte die Tochter und lächelte. »Sie gefällt mir, sie ist so neugierig und wagemutig.« »Aber«, seufzte sie, »es gibt wohl Situationen, da muss ein jeder sich gedulden, ob er nun neugierig und wagemutig ist oder nicht.«

Der goldene Lebensfaden

Der Mann stand am Fenster seines Arbeitszimmers und schaute hinaus. Draußen herrschte ein reges Treiben. Die Autos verstopften die Straßen, die Fußgänger schauten in die Auslagen der Geschäfte. Hunde bellten und Kinder lachten.

Er zog die Gardinen seines Fensters zurück, um mehr zu sehen. Doch das Fenster öffnete er nicht. Denn es war noch Winter, und er hatte gerade eine Erkältung überstanden. Ja, draußen war Leben! Geschäftiges, sprudelndes Leben! Er seufzte, denn er fühlte sich nicht mehr dazugehörig. »Ich bin zu alt«, murmelte er halblaut vor sich hin. »Meine Zeit ist vorbei.«

Da hörte er ein leises Kichern. Ein Wichtelmännchen stand neben ihm mit seiner roten Zipfelmütze und seinem langen weißen Bart.

»Wo kommst du her?«, fragte er das Wichtelmännchen und griff sich dabei an die Stirn, um festzustellen, ob er träumte oder nicht. Vielleicht hatte ja der Grog, den er gestern noch gegen die Erkältung getrunken hatte, solch seltsame Auswirkungen.

»Du hast vergessen, mich aufzuräumen«, antwortete das Wichtelmännchen. »In deinem Eifer, all den schönen Weihnachtsschmuck wieder wegzupacken, hast du mich einfach übersehen«, das Wichtelmännchen schaute ihn dabei etwas missbilligend an. »Und nun stehst du am Fenster und bejammerst dein Schicksal.«

Der Mann musste ihm recht geben. Ja, er stand am Fenster und schaute hinaus und fühlte sich nicht mehr dazugehörig. Gut, er war vor einiger Zeit in Rente gegangen. Gut, er hatte bisher keine schweren Krankheiten zu tragen gehabt, nur da und dort zwickte es ein wenig. Und eigentlich hatte er sich damals, als er noch gearbeitet hatte, so viel vorgenommen. Was wollte er nicht alles in seinem Ruhestand tun! Doch nun war sein Ruhestand ein Stillstand geworden. Er hatte keine Energie mehr und war nur noch unzufrieden. Das Wichtelmännchen hatte nicht ganz unrecht.

»Du hast mich übersehen, als du die Weihnachtssachen weggeräumt hast. Du bist ja sonst ein ordentlicher Mensch, aber diesmal ist dir etwas durch die Lappen gegangen. Also sieh mich als deine Chance an.« Das Wichtelmännchen lachte bei diesem Gedanken, ehe es fortfuhr: »Man soll nicht immer alles wegräumen. Sonst räumt man auch noch das weg, das bereits da ist, aber das man noch nicht sieht.«

»Sprecht ihr Wichtelmännchen immer in Rätseln?«, fragte der Mann.

»Oh, entschuldige«, antwortete das Wichtelmännchen. »Ich war zu ungenau. Ihr Menschen seht es nicht, wir schon. Wir haben die besseren Augen. Und deshalb sehen wir schon im Alten, wie etwas Neues heranwächst. Für euch ist es unsichtbar, aber es bereitet sich schon vor. Ihr aber räumt einfach alles weg. Das Alte und das Neue, das sich erst vorbereitet. Und dann steht ihr am Fenster und jammert.«

Das Wichtelmännchen kam ein wenig aus der Puste. Offensichtlich hielt es sonst nicht so lange Reden. Doch seine

Worte zeigten ihre Wirkung. Der Mann öffnete das Fenster und schaute hinaus. »Es gibt einen goldenen Faden«, sagte er nachdenklich. »Einen goldenen Lebensfaden in einem jeden Leben. Und der hört nicht auf, wenn ein Lebensabschnitt zu Ende ist. Er will weitergewebt werden.« Er stand auf und zog seinen Mantel an. »Und ich will das auch«, sagte er. Dann öffnete er die Tür zur Treppe. Als er die Tür hinter sich zugemacht hatte, schüttelte das Wichtelmännchen ein wenig den Kopf. »Die Menschen sind so schnell dabei, den goldenen Lebensfaden zu übersehen. Dabei ist er immer bei ihnen.« Das Wichtelmännchen sagte dies ohne Vorwurf, es sagte es eher nachsichtig.

Der freie Stuhl

Die Jubilarin hatte zu ihrem 80. Geburtstag eingeladen, und alle waren gekommen. Ihre Kinder und ihre Enkelkinder. Ihre Bekannten und ihre Freunde. Sogar ihr Bruder, der gerade einen Herzinfarkt überstanden hatte, ließ es sich nicht nehmen, ihr persönlich zu gratulieren. Selbst der Pfarrer war da, und selbst der Bürgermeister hatte vorbeigeschaut.

Die Oma saß mitten an dem festlich geschmückten Tisch. Sie hatte eine kurze Rede gehalten und sich dafür bedankt, dass alle ihrer Einladung gefolgt waren. Einer ihrer Söhne hatte humorvoll die vergangenen 80 Jahre vorüberziehen lassen, und sie hatten ihr Sektglas erhoben zur Ehre der Jubilarin. Das Essen war vorzüglich gewesen, der Wein über jeden Tadel erhaben. Und dann war man zum allgemeinen Teil übergegangen.

Die Jubilarin saß da und lächelte. Niemand kümmerte sich mehr um sie, denn viele Gäste hatten sich schon lange nicht mehr gesehen und freuten sich nun darauf, miteinander ins Gespräch zu kommen. Außerdem war sie ein wenig schwerhörig, nicht viel, aber immerhin, man musste etwas lauter reden, damit man sich mit ihr verständigen konnte. Sie wusste darum. Doch sie freute sich, dass alle gekommen waren, und lächelte.

Ihr Mann war vor einigen Jahren gestorben, damals waren viele der Gäste auch da gewesen, der Kreis der Bekannten und Freunde wird im Alter überschaubar. Und nun trafen sie sich wieder. So gab es viel Gesprächsstoff unter den Gästen.

Einer ihrer Enkel schaute immer wieder zu ihr hin. Ihm war aufgefallen, dass sich niemand mit ihr unterhielt. Und als der Stuhl neben ihr frei wurde, da setzte er sich zu ihr und begann sich mit ihr zu unterhalten.

Er erzählte ihr von der Schule und von seinen Lieblingsspielen am Computer, und die Jubilarin hörte ihm zu, fragte manchmal nach und war ganz und gar interessiert daran, ihren Enkel zu verstehen. Er lebte ja in einer anderen Welt als sie. Vieles, was es heute gab, das gab es in ihrer Jugend nicht. Vieles, was ihrem Enkelkind heute erlaubt war, das war früher verboten.

So unterhielten sie sich: die Großmutter und ihr Enkelkind. Sie sprachen so liebevoll miteinander, dass es den Gästen auffiel. Auf einmal wurde es ganz ruhig und alle schauten zu den beiden hin. Es war, als würden sie berührt werden von diesem innigen Gespräch, in dem sich Alter und Jugend einander zuneigten.

Der Enkel merkte, dass es still um sie geworden war, und fasste sich ein Herz. Er stand auf und sagte: »Meine Oma hat uns heute zu ihrem großen Geburtstag eingeladen, und ich habe mich sehr darauf gefreut, denn ich mag meine Oma. Dann habe ich gesehen, wie nach dem Essen meine Oma allein da saß und sich niemand mehr um sie gekümmert hat. Als dann der Stuhl neben ihr frei wurde, habe ich mich schnell neben sie gesetzt. Sie sollte doch an ihrem Geburtstag nicht allein sein.«

Die vielen Gäste sahen sich ein wenig verlegen an. Ja, es stimmte schon, sie hatten sich nicht sehr viel um sie gekümmert. Sie hatten genug selbst zu erzählen gehabt. Doch der Enkel fuhr fort: »Wir könnten doch einfach einen Stuhl neben meiner Oma freihalten. Wenn er frei ist, dann setzt sich einer von uns auf diesen Stuhl, um sich mit ihr zu unterhalten. Das ist doch ganz leicht.«

Ja, es war ganz leicht und es wurde zum guten Brauch. Wenn von nun an jemand Geburtstag hatte, war neben ihm immer ein Stuhl frei. Darauf setzte sich jemand, um sich mit dem Geburtstagskind zu unterhalten. Das war wirklich nicht schwer.

Der Türmer

Mitten auf dem Marktplatz einer kleinen mittelalterlichen Stadt stand eine große Kirche. Wer wollte, konnte über eine Innentreppe den hohen Turm hinaufsteigen, an den Glocken vorbei, bis er oben das Zimmer des Türmers erreichte. 120 Stufen musste er zurücklegen, doch wer es geschafft hatte, der konnte auf einen Rundgang hinausgehen, der mit einer Mauer versehen war. Ihm wurde ein wunderschöner Ausblick geschenkt: er sah hinunter auf den Marktplatz mit den vielen Ständen, er schaute über die alten Dächer, die wie Meereswogen aussahen, und in der Ferne erblickte er die Hügel, die sich kreisförmig um die Stadt gelegt hatten.

Das Zimmer des Türmers war ein besonderes Zimmer. Ein freundlicher, etwas älterer Mann erwartete einen, und seine Aufgabe war es, die Besucher zu begrüßen und ihnen ihre Fragen zu beantworten. Das Zimmer war voller Uhren. Sie tickten in einem fort. Doch zwei Uhren waren anders. Die eine trug ein Lebensschiff, und die andere war mit einem Adler geschmückt. Immer, wenn die eine schlug, so wusste der

Türmer, dass in der Stadt ein Kind geboren war. Und immer, wenn die andere schlug, so wusste er, dass ein Mensch zu Grabe getragen wurde. Sonst schwiegen diese beiden Uhren, aber das fiel nicht weiter auf bei dem Ticken der vielen anderen Uhren.

Der Türmer hatte noch eine besondere Aufgabe. Früh, mittags und abends ging er auf den Rundgang, schaute über die Stadt und rief mit lauter Stimme:

»Die Zeit vergeht, steht niemals still,
bedenkt, was euer Herz heut will.«

Dann warf er kleine Tüten, gefüllt mit Bonbons, in die Tiefe. Und unten standen die Kinder und warteten voller Freude auf die Bonbons. So ging es Tag um Tag und Jahr um Jahr.

Doch eines Tages kam es im Rathaussaal zu einer hitzigen Debatte. Das Amt des Türmers sollte abgeschafft werden. Die Personalkosten müssten gesenkt werden, und es würde genügen, oben einen Tisch aufzustellen und einige Broschüren auszulegen. Ein Beschluss wurde in dieser Sitzung noch nicht gefasst, denn viele konnten sich ihre Stadt ohne den Türmer nicht vorstellen. Doch, so sagten die anderen, man muss mit der Zeit gehen, und die neue Zeit würde solche Menschen nicht mehr brauchen. Geld könnte man am besten sparen, wenn man am Personal sparen würde. Und an den Bonbons, die der Türmer so verschwenderisch in die Tiefe warf.

Als der Türmer von diesen Überlegungen hörte, stellte er alle Uhren ab, verschloss die Tür seines Zimmers und stieg die vielen Stufen hinunter. Nachdenklich ging er durch die Straßen seiner mittelalterlichen Stadt und verließ sie. Es erscholl kein Ruf mehr zu den gewohnten Zeiten. Die Kinder warteten vergeblich auf die Bonbontüten. Selbst die beiden Uhren, die Geburt und Tod anzeigten, verstummten.

Doch die Atmosphäre der Stadt veränderte sich. Die Autos fuhren noch, die Händler verkauften noch auf dem Markt, die

Kinder gingen noch zur Schule – aber es war, als wäre etwas mit dem Türmer zugleich fortgegangen, etwas, das man zum Leben brauchte, aber nicht zu benennen wusste. Es konnte nicht verborgen bleiben, dass alles zwar weiterging, aber nur noch im Leerlauf lief.

Da wurde erneut eine Sitzung im Rathaussaal anberaumt. Und es wurde beschlossen, den Türmer wieder anzustellen. In einer ruhigen und sachlichen Diskussion wurde zu Protokoll gegeben, dass der, der am Personal spart, auch an der Mitmenschlichkeit spart. Und dass der, der an der Mitmenschlichkeit spart, dem Leben seine Lebendigkeit entzieht. Es bliebe nur der Leerlauf übrig. Das aber wäre es nicht wert.

So wurde der Türmer wieder angestellt, und er zog seine Uhren wieder auf. Auch die beiden besonderen Uhren, die die Geburt und den Tod eines Menschen anzeigten, begannen wieder zu schlagen. Die Bonbons wurden wieder geworfen. Und die Lebendigkeit des Lebens kehrte wieder zurück.

In den späteren Chroniken hieß es, dass diese kleine mittelalterliche Stadt eine der wenigen Städte im ganzen Land gewesen war, die die Weisheit besaß, die ursprünglichen Rhythmen des Lebens zu bewahren.

Die Geschichte von der Knolle

Im Reich der Erde lebte einmal eine Knolle. Sie war hier groß und fett geworden. Ihre Wurzeln sogen alles auf, was in ihrem Umkreis an Nahrungsstoffen zu holen war. Und damit war sie zufrieden. Alles, was sie wollte, war, das Leben zu genießen und jeden Tag etwas zuzunehmen. Das genügte ihr und behäbig schaute sie sich um.

Da kroch ein Regenwurm an ihr vorbei und schüttelte den Kopf. »Du bist nicht am Ende deiner Entwicklung«, sagte er zur Knolle, »das Leben hat noch etwas mit dir vor.«

Die Knolle schüttelte den Kopf. »Mir reicht es, und mehr will ich nicht. Ich will genießen und genießen und alles für mich herausholen, was ich nur kann. Wozu ist es denn sonst da?«

»Es ist nicht dazu da«, sagte der Regenwurm, »dass du eine fette Knolle wirst. Es soll dir vielmehr Kraft geben, dich weiterzuentwickeln. Du selbst bist mehr als eine Knolle. In dir schlummert noch etwas anderes. Ich weiß es, auch wenn du es nicht wahrhaben möchtest.«

Doch die Knolle blieb bei ihrer Meinung. »Ich sehe das anders«, sagte sie, »ich will dick und fett werden und zufrieden sein hier in der Erde. Darin liegt der Sinn meines Lebens.«

Der Regenwurm seufzte, als er das hörte, und kroch seines Weges.

Die Knolle lebte weiter wie bisher. Ihre Wurzeln nahmen alles an Nahrungsstoffen auf, was sie erreichen konnten. Doch eines Tages konnten sie nichts mehr erreichen. Da begann die Knolle zu ächzen und zu stöhnen und nach Luft zu schnappen. Aber es half ihr nichts. Sie begann zu ersticken, verfaulte und starb.

Doch die Knolle neben ihr erschrak. So wollte sie nicht enden, und sie begann sich zu regen. Nach oben regte sie sich. Sie durchstieß den Erdboden und reckte sich hinauf in die Luft. Dort begegneten ihr die Sonne und der Mond, der Wind und die Sterne, und dort erkannte sie, dass sie immer schon mehr gewesen war als nur eine Knolle. Ja, der Regenwurm hatte recht! In ihr schlummerte noch etwas anderes: eine Blume, und die Blume in ihr wollte ans Licht und im Licht blühen.

Darüber wurde sie glücklich. Eine Blume werden zu können, das klang in ihren Ohren so wundervoll, dass sie es kaum fassen konnte. Und als Blume verschenkte sie sich in ihrem Duft und in ihrer Schönheit. Voller Freude öffnete sie sich dem Himmel, und voller Freude verschenkte sie sich an ihn.

Die Blumenzwiebel

Der Gärtner schaute die Blumenzwiebeln an, die er in seiner Hand hielt. Klein sahen sie aus und ganz und gar anders als die Blumen später. Und doch wusste er: Er hielt Leben in seiner Hand, mögliches Leben, Leben, das sich entfalten würde, wenn es in die Erde kam, wenn die Sonnenstrahlen es rufen würden und der Regen ihm sein Nass schenken würde. Doch er wusste auch, von allein kam es nicht. Leben war keine Maschine, die man einfach einschalten konnte, und die dann von alleine lief. Die Blumenzwiebeln mussten auch leben wollen.

Er dachte an sein Enkelkind. Es hatte im Mutterleib zuerst wie ein kleiner Sandhaufen ausgesehen, dann wie ein Fisch, aber bald waren ihm Gesicht, Hände und Füße gewachsen, und bald war aus allem ein kleiner Mensch geworden. Nun war das Enkelkind geboren. Es schlief, und seine Augen waren meistens noch geschlossen. Es schlief dem Leben entgegen.

Es brauchte viel Zuwendung und Geborgenheit. Es brauchte die Sicherheit der Nahrung und der Pflege. Doch eines brauchte es auch: den eigenen Willen, leben zu wollen. Ohne diesen Willen würde es nicht lebensfähig sein.

Eigenartig, dachte der Gärtner. Wie viel uns geschenkt werden muss, damit wir leben können, und wie knapp die Zeit ist, in der wir uns entfalten können. So unendlich kostbar ist diese knappe Zeit. Kostbar wie Wasser in der Wüste, kostbar wie Licht im Dunkeln.

Der Gärtner schaute auf die Blumenzwiebeln in seiner Hand. So unscheinbar sahen sie aus. So abhängig waren sie. Er konnte sie in den Mülleimer werfen oder einfach nur auf die Erde legen und sagen: Nun seht mal zu, wie ihr Wurzeln schlagt. Aber er konnte sich auch um sie kümmern, die Erde für sie lockern, sie einpflanzen und sie gießen. Er konnte für sie sorgen, damit sie den Mut fassten, sich zu entfalten und sich im Leben durchzukämpfen.

Ja, Mut brauchten die Blumenzwiebeln. Den Mut, durch die Erde zu stoßen und zum Himmel zu wachsen. Den Mut, Blumenblätter zu bilden und sich in einer Blüte zu öffnen. Den Mut, aufzuleuchten in ihren Farben und in ihrer Schönheit. Und den Mut, alt zu werden, zu verwelken und wieder zur Erde zurückzukehren.

Doch sie brauchten nicht nur Mut, sie brauchten auch Weisheit. Denn die Schönheit war nur ein Teil ihres Lebensweges. Die leuchtenden Farben waren nur ein Abschnitt in ihrer Lebenszeit. Es gilt nicht nur, dass es keine Lebensmitte gibt ohne einen Lebensanfang. Es gilt auch, dass es keine Lebensmitte gibt ohne ein Lebensende. Der Mut steht für den Anfang, die Weisheit steht für das Ende. Und diese Weisheit würde von der Einsicht getragen werden, Teil des großen Lebens zu sein, das auch in ihnen wirklich wird, und das nie mehr verloren gehen würde. Es würde nur anders werden.

Der Gärtner beugte sich zur Erde. Er lockerte sie und setzte behutsam die Blumenzwiebeln ein. »Gott segne euch«, sagte er leise. »Gott segne euch.«

Sommer

Das Wunder des Blühens

Er saß auf der weißen Bank vor seinem Austragshaus. Es war aus Backsteinen gebaut und mit einem Strohdach versehen. Die Tür und die Fenster waren in Blau gehalten, und vor dem Haus lag ein kleiner Rosengarten. Es war am späten Nachmittag, und er konnte den Duft der Rosen riechen.

Ein langes, arbeitsreiches Leben lag hinter ihm. Gewiss, das eine oder andere hätte er im Nachhinein anders gemacht, aber im Großen und Ganzen war er mit seinem Leben zufrieden. Seine Kinder waren erwachsen geworden und hatten ihre eigenen Familien gegründet, und seine Frau war noch voller Ideen und Unternehmungsgeist. Er war zufrieden mit seinem Leben. Jetzt saß er auf der weißen Bank vor seinem Austragshaus und freute sich an den Rosen, die ihn mit ihrem Duft umhüllten.

Im Frühjahr deutete nur wenig auf die Schönheit der Rosen hin. Aber mit zunehmender Sonne wuchsen sie heran, bildeten ihre Knospen aus und eines Tages entfalteten sie ihre Pracht. Er staunte, wenn er daran dachte, was sie alles überwunden hatten, und er staunte auch, wenn er daran dachte, dass die Zeit ihres Verblühens vor der Tür stand. Dennoch blühten sie voller Stolz, ganz unabhängig von ihren Mühen der Vergangenheit und ganz unabhängig davon, was sie in Zukunft erwartete.

Warum blüht man nicht von Anfang an?, dachte er. Und warum blüht man nicht immer? Warum bedarf es des Weges, und warum wartet das Ende auf einen? Er hörte das Zwitschern der Schwalben in der Luft, die ihm zu sagen schienen: Das ist immer so. Er hörte das Rauschen in den nahen Bäumen, die ihm zuriefen: Es ist überall so. Keiner ist davon ausgenommen.

Und auf einmal war es ihm, als würde er überall um sich eine Kraft verspüren. In den Schwalben und in den Bäumen, in den Hecken und in den Kornfeldern, die er von seiner Bank aus sehen konnte. In der Sonne und in den Wolken, überall spürte er dieselbe Kraft wie in den Rosen. Er spürte, wie alles blühen wollte. Und überall, wo dies gelang, berührte ihn das Gefühl einer großen Dankbarkeit. Und einer großen Gelassenheit.

Er verstand, dass in dem Blühen ein Schritt verborgen war, ein Weiterschreiten in eine Welt, die anders nicht zu fassen war. Nur im Blühen leuchtete sie für einen Augenblick auf, wurde sie für einen Augenblick sichtbar. Er begann zu verstehen, dass das Blühen wie eine offene Tür zu dieser sonst verborgenen Welt war. Und dass der, der blühte, begann, in diese Welt hineinzugehen. Äußerlich sah es so aus, als würde er verblühen, aber in Wahrheit war es nicht so. In Wahrheit ging er nur weiter in diese sonst verborgene, blühende Welt. Im Blühen wurde für einen Augenblick der Himmel sichtbar.

Er lächelte. Dann stand er auf von seiner Bank, nahm sein Taschenmesser und schnitt vorsichtig eine Rose ab. »Danke für das Blühen«, sagte er zur Rose und ging mit der Rose ins Haus, um sie seiner Frau zu schenken.

Der Sommersucher

Neulich begegnete ich einem komischen Kerl. Es war ein magerer, dürrer Mann mit einem schwarzen Zylinder auf dem Kopf. Durch seine großen Brillengläser schaute er sich alle Bäume an. Dann tauchte seine Nase in ein Buch, und er machte sich mit einem Bleistift einige Notizen. Daraufhin eilte er weiter.

Als er an mir vorbeilief, sprach ich ihn an. »Was machen Sie?«, fragte ich ihn. Er schaute verdutzt auf, fast ein wenig unwillig, denn ich schien ihn bei seiner Arbeit zu stören. Doch dann schob er sich den Bleistift hinters Ohr und klappte sein

Notizbuch zu. »Ich messe den Sommer«, antwortete er. »Ich messe an den Blättern und an den Knospen, ob der Sommer kommt. Ich bin ein Sommersucher.« Das Letzte sagte er ganz stolz, so als ob ein Sommersucher mindestens so wichtig wäre wie ein Bundespräsident.

»Aber der Sommer kommt doch ganz von alleine«, lachte ich. »Der muss doch nicht gemessen werden.« Oje, da hatte ich etwas Verkehrtes gesagt!

Der magere, dürre Kerl nahm seinen Zylinder ab und schaute mich durch seine Brille scharf an. »Ich sehe«, zischte er, »Sie sind nicht vom Fach. Sie glauben, alles würde von selbst geschehen. Einfach so!« Er schnippte mit den Fingern seiner rechten Hand. »Aber da irren Sie sich. Was wäre denn, wenn die Bäume sich weigern würden, reif zu werden? Na? Wenn sie einfach sagen würden: Wir haben keine Lust, Äpfel und Birnen hervorzubringen. Na?? Wenn sie lieber nur im Sonnenlicht spielen wollten, ohne etwas zum Leben beizutragen? Na???«

Er schaute mich noch einmal an, schüttelte den Kopf über mein Unverständnis und eilte weiter. Noch lange sah ich ihn mit seinem Zylinder unter den Bäumen und Sträuchern hin- und hereilen.

Vierzehn Tage später erblickte ich ihn wieder. Diesmal lief er durch die Fußgängerzone. Er guckte sich die Menschen an. Ganz genau guckte er sie sich an. Und er machte sich wieder Notizen in seinem Büchlein. Aber es schien niemanden zu stören. Keiner regte sich über ihn auf, keiner verscheuchte ihn von seiner Seite. Und ich begriff, sie sahen ihn nicht. Sie sahen nicht, wie er sie anschaute und etwas an ihnen maß.

Als er mich entdeckte, kam er auf mich zu. »Das ist wie mit den Bäumen«, flüsterte er. »Ich messe ihren Reifegrad.« »Bei den Menschen?«, fragte ich erstaunt. Er nickte: »Es ist auch bei den Menschen nicht selbstverständlich, dass sie reif werden. Dann müssten sie nämlich Verantwortung übernehmen und hilfsbereit sein. Das wären ihre Früchte.« »Und?«, fragte ich ihn. »Das ist wie bei den Bäumen«, sagte er. »Viele weigern sich einfach. Sie haben keine Lust dazu. Sie wollen sich lieber vergnügen. Sie wollen nichts zum Leben beitragen.«

Er ging weiter. Noch lange sah ich ihn mit seinem schwarzen Zylinder unter den Menschen hin- und hereilen. »Komische Kerle gibt es«, murmelte ich. »Die Reife von Bäumen und Menschen zu messen – so etwas Verrücktes. So etwas gibt es doch gar nicht«.

Die dunklen Wolken

Sie hatten alles für die Geburtstagsfeier vorbereitet. 50 Jahre wurde sie, und die ganze Familie half mit. Die Einladungen waren versandt worden, die Rückmeldungen geordnet, die Tische gedeckt, mit Namensschildern versehen und mit Blumen geschmückt. Die Sektgläser standen bereit, und für das Essen hatten sie sich professionelle Hilfe geholt und den Köchen ihre Küche zur Verfügung gestellt. Viele ihrer Freunde und Bekannten hatten sich angemeldet, und deshalb hatten sie auch den Garten mit in ihre Vorbereitungen einbezogen und einige Tische draußen gedeckt. In einer Stunde sollte das Fest beginnen, doch als sie hinausschauten, sahen sie, wie dunkle Wolken heranzogen: Ein schwerer Gewitterregen kündigte sich an.

Sie war den Tränen nahe. So viel Mühe hatten sie sich gegeben, und nun war alles umsonst! Denn die dunklen Wolken kamen unbarmherzig näher, und sie hörten schon das Grollen des Donners in der Ferne. Sie mussten jetzt schnell handeln. Die Tische draußen mussten wieder abgeräumt werden, und irgendwie mussten sie die Plätze, die sie draußen so sorgfältig hergerichtet hatten, mit hinein in das große Wohnzimmer nehmen.

»Ein Platz ist immer in der Hütte«, sagte ihr Ehemann und schaute sich um. »Ja«, antwortete sie. »Ein Platz wäre ja auch kein Problem, aber gleich zwanzig? Und wir haben uns doch alles so gut überlegt. Den Tischschmuck und wer zusammensitzen sollte, und jetzt wird alles wie eine Dose voller Ölsardinen.«

Doch die Wolken kamen näher, und das Grollen wurde lauter, manchmal konnten sie schon die Blitze sehen. Da holten sie tief Luft. Sie rückten die Stühle zusammen, hoben jede Sitzordnung auf, verzichteten auf die breiten Teller, die nur als Unterlage für die Speiseteller gedacht waren, und stellten die Blumen auf den Schrank. Die Gläser verfrachteten sie auf den Nebentisch, sie würden später die Gäste fragen, was sie trinken wollten. Und auf einmal war das Wunder geschehen: Zwanzig Personen hatten zusätzlich in ihrer »Hütte« Platz.

Da klingelte es auch schon, und die ersten Gäste kamen. Sie wunderten sich ein wenig über die Enge, denn sie waren es aus früheren Einladungen anders gewohnt, aber sie sagten nichts. Und das brauchten sie auch nicht. Denn während draußen die dunklen Wolken sich ausschütteten und das Donnergrollen klang, als würden Kegel geschoben werden, begleitet von den krachenden Schlägen der Blitze, so wurde es innen, im Wohnzimmer, eine ganz und gar fröhliche Geburtstagsfeier.

Nichts war mehr förmlich, alles saß eng beieinander, und ein jeder musste dem anderen Essen und Getränke reichen, weil man es nicht mehr formvollendet von außen zuteilen konnte. Ja, ein jeder verstand sogar den anderen und hörte ihm auch zu, denn sie saßen ja alle nicht mehr weit auseinander, es konnten sich keine Sondergrüppchen bilden. Nicht einmal beim Geburtstagslied konnten sie aufstehen, so eng war es, aber dafür erfüllte sie eine große Heiterkeit.

Als das Fest vorbei war und die Gäste sich verabschiedeten, da schauten sie fast ein wenig benommen. Nicht nur vom

Alkohol, sondern eigentlich mehr von der Art der Feier. Sie verstanden das nicht, und wenn sie später fragten, was denn nun das Besondere an diesem Fest gewesen war, dann sagte die Gastgeberin immer: »Das waren die dunklen Wolken.« Doch das verstanden sie noch weniger.

Gott schauen

Der Mann saß auf der Veranda auf einem Stuhl und schaute in seinen Garten. In seinen Augen war keine Freude zu sehen. Er sah die blühenden Rosen und dachte, wie sie im Herbst verwelken würden. Er hörte den Wind in den Blättern der Lindenbäume und stellte sich vor, wie kahl die Äste im Winter aussehen würden. Er dachte über die vergangenen Jahrzehnte seines Lebens nach und darüber, wie sich manche seiner Hoffnungen zerschlagen hatten.

Sein Freund kam den Weg herauf, holte sich einen Stuhl und setzte sich neben ihn. Er war in vielen Ländern herumgekommen, hatte vieles erlebt und gesehen, und ein leichtes Lächeln lag auf seinen Lippen. Er holte seine Tabakspfeife aus der Tasche und begann sie zu stopfen.

»Du siehst heute ernst aus«, wandte er sich an seinen Freund, »so als würdest du über Gott und die Welt nachgrübeln.« »Nein«, antwortete der Mann. »Ich grüble nicht über Gott und die Welt nach. Ich sehe nur in meinen Garten und denke daran, wie die Rosen im Herbst verwelken, wie die Bäume im Winter kahl aussehen, und wie ich aus meinem Leben nichts gemacht habe. Und ich fühle mich allein.«

Der Freund zündete sich seine Pfeife an und sah dem Rauch nach. »Niemand ist allein«, sagte er bedächtig. »Niemand.« Der Mann schaute seinen Freund an: »Aber kannst du nicht sehen, wie alles wieder verfällt? Wie nichts Bestand hat.

Wie alles vergeht, kaum dass es aufgeblüht ist?« Der Freund schüttelte den Kopf: »Nein, das kann ich nicht sehen.«

Sie schwiegen beide. Der Rauch der Pfeife stieg ruhig nach oben. Eine Meise ließ sich kurz nieder bei ihnen, schaute sie verwundert an und flog weiter.

»Wenn ich die Rosen und die Bäume sehe«, sagte der Mann, »dann denke ich an die Vergänglichkeit allen Lebens.« Sein Freund nickte, doch er sagte: »Wenn ich die Rosen sehe, dann schaue ich Gott. Und wenn ich den Wind in den Bäumen höre, dann berührt mich die Kraft des Lebens.« »Ach«, seufzte der Mann, »wenn ich nur so schauen und fühlen könnte wie du. Ich sehe mein Leben an und denke, ich habe nichts daraus gemacht. Und dann fühle ich mich so alleingelassen und würde am liebsten vom Erdboden verschwinden. Niemand soll sich mehr an mich erinnern.«

Der Freund legte die Pfeife aus der Hand. »Du musst dich berühren lassen«, sagte er. »Alles will dich doch berühren. Die Rosen, die Bäume, die Wege, die Flüsse, die Berge, sie alle wollen dich berühren. Hast du nicht vorhin gesehen, wie verwundert uns die Meise angeschaut hat, so als wollte sie sagen: ›Wie können die Menschen nur so trübselig schauen? Wie können sie nur so am Leben vorbeigehen?‹«

»Aber das Leben ist doch so!«, fuhr der Mann auf. »Das Leben geht doch vorbei! Es ist doch vergänglich!« »Das denkst du nur«, sagte sein Freund. »Das denkst du nur, weil du dich nicht auf das Leben einlässt. Du hältst es dir vom Leib. Da ist es kein Wunder, wenn du dich einsam und verlassen fühlst. Du hast die Tür deines Herzens verschlossen. Niemand kann mehr zu dir herein. Du scheust die Begegnung, die überall ist, weil alles Leben Begegnung ist. Aber du brauchst keine Angst zu haben.

Wenn du die Tür deines Herzens wieder aufmachen würdest, dann würdest du merken, wie wir alle zu einer großen Gemeinschaft gehören. Und du würdest spüren, dass das, was du Vergänglichkeit nennst, in Wirklichkeit Begegnung ist. Eine Begegnung, in dem das mögliche Leben zum wirklichen Leben heranreift. Und diese Begegnung hört nie auf.«

Er zündete sich seine Pfeife wieder an und sah mit einem Lächeln, wie die Meise zurückkehrte und sich neben ihnen niederließ. So als wollte sie sehen, wie es weitergegangen war.

Käfige

Er stand am Fenster und sah hinaus. In der Hand hielt er die Zeitung, die er soeben gelesen hatte. Wie kommt es, dachte er, dass es soviel Gewalt auf der Welt gibt? Möchten nicht alle Menschen glücklich leben? Möchten sie nicht alle ein Dach über dem Kopf haben, einer Arbeit nachgehen können und sich in einer Familie wohlfühlen?

»Nein«, sagte eine Stimme neben ihm. »Das Einfachste und Natürlichste auf der Welt, das möchten die Menschen nicht.« »Warum nicht?«, antwortete er, und er kam sich komisch vor, jemandem zu antworten, den er nicht sah. Er schaute sich um, aber niemand war durch die Tür gekommen. Er schaute zum Fenster hinaus, aber niemand stand unten auf der Straße. Er spürte, wie die Stimme lächelte.

»Du siehst mich nicht«, sagte die Stimme. »Aber jeder, der mich hören will, der kann mich hören. Denn ich spreche zu jedem Menschen. Doch die meisten hören mich nicht. Ihr Herz ist verschlossen. Wenn ihr Herz verschlossen ist, dann sind auch ihre Ohren verschlossen. Dabei wäre alles so einfach.«

»Einfach?«, fragte er. »Einfach? Diese Kriege, diese terroristischen Anschläge, diese Schlägereien bei den Fußballspielen?« »Du könntest noch mehr aufzählen«, sagte die Stimme. »Ja«, antwortete er. »Ich könnte noch mehr aufzählen. Und versteh‹s trotzdem nicht.«

Es schien, als würde er eine Hand sehen, eine Hand, die eine kaum sichtbare Bewegung machte. »Schau hinaus«, sagte die Stimme, und er schaute hinaus. Und auf einmal sah er, wie die Menschen in Käfigen gingen. Die Frau des Bürgermeisters ging in einem Käfig, der Bäcker von gegenüber, der Postbote – sie alle bewegten sich in einem Käfig.

»Sehen sie denn die Käfige nicht?«, fragte er. »Nein«, sagte die Stimme. »Sie sehen die Käfige nicht. Aber schau noch mal. Vielleicht fällt dir mehr auf.« Er schaute jetzt aufmerksamer hinaus, und da sah er die Kinder, die von der Schule kamen. Um sie herum waren keine Käfige, aber bei einigen fing es bereits an, dass sich Gitter bildeten.

Er legte die Zeitung aus der Hand. »Bewege ich mich auch in einem solchen Käfig?«, fragte er. Die Stimme schwieg. »Du hörst mich zumindest«, sagte die Stimme nach einer Weile. »Ich kann dich noch erreichen.«

Er sah wieder zum Fenster hinaus. Ihm fiel auf, dass nur die Menschen sich in Käfigen bewegten. Die Schwalben flogen frei, hoch oben in der Luft, die Eichen standen frei, hinten am Brunnen, die Hunde liefen frei herum und bellten fröhlich vor sich hin. Keiner von ihnen war unsichtbar eingeschlossen, nur die Menschen waren es.

»Was sind das für unsichtbare Käfige?«, fragte er. »Es sind die Käfige, die euch veranlassen, Gewalt zu säen«, antwortete die Stimme. »Ihr wisst nur nicht, dass ihr in ihnen lebt, denn ihr habt die Gitterstäbe selbst errichtet. Ihr habt freiwillig eure Freiheit aufgegeben.«

»Das glaube ich nicht«, sagte er. »Niemand gibt freiwillig seine Freiheit auf.« »Doch«, sagte die Stimme. »Ihr Menschen sucht alle nach einem festen Boden in eurem Leben. Aber es gibt keinen festen Boden im Leben, es gibt nur einen gemeinsamen Weg und den Dialog aller lebenden Wesen. Wir sind wie eine große Familie, die miteinander unterwegs ist, und die immer wieder neu miteinander auskommen muss. Das ist euch zu mühselig. Ihr wollt lieber alles überschaubar haben und festgelegt. Ihr wollt lieber das Sagen haben als miteinander auskommen. Ihr wollt euch nicht zuordnen. Ihr wollt mehr sein. So entwickelt ihr Vorstellungen. Sie sind eure Käfige. Und mit ihnen vergesst ihr, dass wir alle zusammengehören: die Schwalben, die Eichen, die Hunde, alle Lebewesen. Eure Kinder wissen es noch, eine Zeit lang zumindest.« Die Stimme verstummte.

Er stand am Fenster und schaute zum Fenster hinaus. Die Käfige waren wieder unsichtbar geworden, die Menschen draußen wussten nichts von ihnen, doch er hatte sie gesehen. »Ich danke dir«, sagte er zur Stimme. »Ich danke dir, dass du mit mir gesprochen hast. Und ich will im Gespräch mit dir bleiben. Ja, du hast recht. Wir sind eine große Familie, die miteinander auf dem Weg ist, und die immer wieder neu miteinander auskommen muss.«

Immer diese letzte Steigung!

Er saß in seinem Stuhl draußen im Garten und träumte vor sich hin. Eine Tasse Kaffee stand neben ihm auf einem kleinen Holztisch, und einige Bücher hatte er dazugelegt. Er hörte dem Gesang der Vögel zu und ließ sich von den milden Strahlen der untergehenden Sonne bescheinen.

Er lächelte, denn ihm fiel eine Erfahrung aus seiner Vergangenheit ein. Es war die gleiche Abendstimmung, es war schon einige Jahrzehnte her, und er war damals jung und sein Körper durchtrainiert. Wenn die Sonne begann unterzugehen, zog er seinen Trainingsanzug an und lief einen langen Rundweg. Er freute sich schon den ganzen Tag darauf, denn der Rundweg war abwechslungsreich und schön.

Sie hatten damals im Urlaub oft seinen Onkel besucht. Der führte einen kleinen Kolonialladen, in dem man noch alles bekommen konnte und in dem man auch noch bedient wurde. So einen Laden gab es heute nicht mehr. Und der Onkel hatte immer Platz für sie und nahm sie gerne auf.

Am Geschäft seines Onkels begann er zu laufen. Er lief an den alten Häusern vorbei und stieß bei einem Bauernhof auf die Hauptstraße. Ein Stück weit lief er an ihrem Rand entlang, aber es fuhren nicht viele Autos, denn die Straße führte zum Meer zu einer Fähre hinab, und es war nur eine kleine Fähre, die nur gelegentlich zur Insel gegenüber fuhr. Er konnte in Ruhe laufen.

Nach einer Weile bog er nach rechts ab. Jetzt lief er auf einer Straße, die durch große, goldgelbe Weizenfelder führte, und als er wieder nach rechts abbog, da sah er vor sich das Meer liegen. Blau und weit lag es vor ihm, und in der Ferne sah er die Fähren nach Schweden. An dieser Stelle tauchte er ein in die Weite der Farben und Wolken: das blaue Meer, die goldgelben Felder, die weißen Wolken und die hinter Bäumen versteckten Höfe mit ihren roten Ziegeln. An dieser Stelle ließ er sich von allem berühren und atmete das Glück ein.

Der Weg führte ihn zurück, und auf dem letzten Stück, kurz vor dem Kolonialladen, da wartete eine kleine Steigung auf ihn. Es war nur eine kleine Steigung, aber nach dem langen Lauf hatte er für diese kleine Steigung kaum noch Kraft. Er musste an dieser Stelle immer tief Luft holen und sich sagen: dieses kleine Stück, das schaffst du auch noch!

Er schaffte es auch, jedes Mal, aber es war mit Mühe verbunden, und er dachte sich oft: Warum muss auf dem letzten Stück immer noch eine Steigung auf einen warten? Warum kann es nicht ruhig und einfach auslaufen?

Dann hatte er seinen Ausgangspunkt, den Kolonialladen, wieder erreicht und freute sich auf die Dusche, aber jedes Mal musste die kleine Steigung erst überwunden werden.

Der Mann nahm die Tasse vom Holztisch und trank einen Schluck Kaffee. Es ist sonderbar, dachte er, im Leben kommt immer diese kleine Steigung vor. Kurz vor dem Ziel muss man noch einmal durchatmen, muss man sich am Riemen packen und sagen: Das schaffst du auch noch. Jetzt gib nicht auf! Nimm auch noch das letzte Stück an. Und lauf auch noch das letzte Stück in Würde. Dann bist du am Ziel. Und es scheint, als würde es kein Lebensziel ohne eine letzte kleine Steigung geben.

Er lächelte und griff nach einem Buch. Heute war keine Steigung in Sicht. Heute konnte er seine Abendstunde einfach genießen.

Die Bergwanderung

Er ging diesen Weg schon seit vielen Jahren, aber diesmal war es anders. Die schroffen Felsen, die im Sonnenlicht lagen, waren dieselben, die bunten Bergwiesen, durch die sich der Weg schlängelte, lächelten ihm wie immer freundlich zu, doch er ging langsamer. Und er musste den Wanderstock fester anpacken als sonst.

Als er die Bank sah, setzte er seinen Rucksack ab und wechselte sein Hemd, so verschwitzt war er. Dann holte er Brot und Wurst und die Thermoskanne heraus. Er atmete durch, während er auf der Bank saß, aß und trank.

Der Rucksack ist schwer geworden, dachte er, schwerer als in den letzten Jahren. Oder kommt es mir nur so vor?

Doch der Rucksack war tatsächlich vollgepackt. Der Wanderer nahm ihn auf den Schoß und schaute hinein. Er sah viele Päckchen, größere und kleinere, und er begann eines nach dem anderen herauszunehmen.

In den vielen Päckchen war sein bisheriges Leben aufbewahrt. Er schaute sie an und erinnerte sich: die Kindergeburtstage. Das Staunen, als er zum ersten Mal die Berge sah. Der Unfall. Die Scheidung seiner Eltern. Seine Heirat und seine Kinder. Die beruflichen Erfolge und die Mühen der letzten Jahre. Er sah das Schwere und das Leichte, das Schöne und das Unerfreuliche in seinem Leben. Er sah seine Irrwege und Irrtümer, und er sah, wie ihm manches gelungen war.

Kein Wunder, dass der Rucksack so schwer ist, dachte er. Kein Wunder, dass ich nur mühsam vorankomme, mit der Zeit ist mir mein Leben schwer geworden.

Er blickte auf den Weg, der noch vor ihm lag, und seufzte.

Doch als er beginnen wollte, alles wieder einzupacken, da entdeckte er in seinem Rucksack noch etwas. Etwas, das er übersehen hatte. Es war ein Büchlein, nur wenige Seiten stark. Es war von besonderem Papier und strahlte etwas Verborgenes aus. Als er es aufschlug, sah er ein Foto von sich. Er sah sich inmitten einer Bergwiese, wie er sich über eine Blume beugte, ganz ruhig, ganz in sich gekehrt. Das bin ich, dachte er. Das bin ich, wie ich wirklich bin. Warum habe ich dieses Bild noch nie vorher gesehen?

Er steckte das Büchlein behutsam in eine seiner Hemdentaschen. Dann legte er die Päckchen in seinen Rucksack zurück. Eine große Last war von ihm abgefallen. Er nahm den Rucksack auf, ergriff den Wanderstock und lächelte. Er hatte etwas gefunden, das kostbarer war als alles auf der Welt: Er hatte sich selbst gefunden. Ruhig stieg er den Weg bergan.

Der Wasserfall

Ich saß auf einer Bank am Wasserfall und schaute ihm zu. Zu dieser Bank musste man eine halbe Stunde den Berg hochsteigen, aber man wurde reich belohnt: Auf einem kleinen felsigen Vorsprung stand die Bank, und man sah, wie der Fluss mit seinem dunklen Wasser oben ankam, schäumend hinabstürzte und unten in einem Wellenwirbel verschwand, ehe er wieder, ruhig geworden, weiterzog.

Ich saß auf der Bank und spürte die Gewalt des Wasserfalles. Das Wasser verteilte sich oben am Felsenrand, fiel brausend hinab in überlappenden Streifen, umhüllte alles mit seiner feinen Gischt und zauberte Regenbogen hervor, wenn die Sonnenstrahlen es trafen.

»So viel Kraft«, sagte eine Stimme neben mir. »So viel Kraft.« Ich blickte um mich. Ich sah den Weg, der zur Bank führte. Ich sah die Fichten und die Felsen und ganz hinten einen Eichelhäher. Aber sonst sah ich niemanden.

»Oben, wenn der Fluss auf den Wasserfall zufließt«, sagte die Stimme, »bemerkt man diese Kraft nicht. Da erscheint er einem ruhig und normal. Aber dann, wenn er fällt, dann wird die verborgene Kraft in ihm sichtbar. Er stürzt hinab und verwandelt sich. Schäumend weiß wird er und wühlt unten das Wasser auf. Danach ist alles vorbei. Ruhig und normal fließt er weiter. Doch für einen Moment hat er gezeigt, was in ihm verborgen ist.«

»Ist das gut?«, fragte ich die Stimme – ich scheute mich jetzt nicht davor, sie anzusprechen. »Ist diese Gewalt gut, auf Dauer gut? Würde sie nicht alles zerstören, wenn sie schäumend bis zum Meer die Landschaften durchtoben würde?«

»Ja, das würde sie«, antwortete die Stimme. »Aber es geht nicht um gut oder nicht gut. Überall, in jedem Leben gibt es diese zerstörerische Kraft. Überall, in jedem Leben, muss sie gezähmt werden.«

Ich schaute den Wasserfall an. Ich spürte sein Fallen. Ich hörte sein Rauschen. Unaufhörlich fiel er und unbarmherzig. Er würde alles mitreißen, was ihm zu nahe kam. Er würde es mit hinunterreißen und töten. Ich schauderte.

Doch dann sah ich mehr. Es war, als würde sich der weiße Wasserfall in eine Leinwand verwandeln. Und auf der Leinwand sah ich, wie die zerstörerischen Kräfte im Menschen durchbrachen, wie sie nicht mehr gezähmt wurden, sondern wie eine Gischt über alles herfielen und alles töteten. Ich hörte die Reden der Politiker. Ich sah, wie die Produktionen anliefen, um Waffen herzustellen. Ich las die intellektuellen Rechtfertigungen, die aufhetzenden Zeitungsartikel und hörte die Spottgedichte. Und überall Zustimmung. Und dann, dann sah ich die Maschinerie des Krieges, die Zerstörung und den Tod.

»Auch die Kräfte des Menschen müssen gezähmt werden«, sagte die Stimme neben mir. »Von selbst sind die Menschen nicht friedlich und liebevoll. Du brauchst nur die Geschichtsbücher aufzuschlagen und in deiner Tageszeitung zu lesen. Die Kräfte müssen gezähmt werden, damit ihre Gewalt wohltätig wird.«

Ich schaute den Wasserfall an, ich schaute, wie er fiel, unten aufschlug und ruhig wurde.

»Ja, so ist es«, sagte die Stimme. »Die zerstörerischen Kräfte des Menschen müssen von jemandem aufgefangen werden. Jemand muss ihren Aufprall aushalten und umwandeln. Dann werden sie schöpferisch und mitmenschlich.« »Und wie soll dies zugehen?«, fragte ich. Da schien es mir, als würde die Stimme wehmütig lächeln. »Habt ihr nicht ein Fest, bei dem dies im Mittelpunkt steht?«, fragte sie. Doch mir fiel kein solches Fest ein. Ich schüttelte den Kopf.

»Ich will es dir sagen«, antwortete die Stimme. »Es ist das Fest, das ihr mit viel Licht und Glanz ausstattet. Ihr schmückt es mit schönen Liedern und zu Herzen gehenden Geschichten. Doch es geht bei diesem Fest darum, dass einer bereit war, den Aufprall der zerstörerischen Kräfte des Menschen auszuhalten und sie umzuwandeln.«

Ich schaute auf das aufgewühlte Wasser, dort, wo der Wasserfall auftraf. Da sah ich, wie der Fluss ruhig wurde und ruhig weiterfloss zu den Wiesen und Feldern. Ich stand von der Bank auf und ging den Berg wieder hinab. Ich dachte darüber nach, wie faszinierend die zerstörerische Gewalt war, und wie schwer es war, sie umzuwandeln.

Die Bank

Es war ein schöner Ort, draußen am Fjord, auf der Bank. Ein schmaler Weg führte dorthin, mitten durch das Schilf hindurch, das vom lauen Wind hin und her bewegt wurde. Vögel stiegen auf aus diesem Halmmeer und ließen sich wieder zurückfallen. Und wenn er am Abend dem Sonnenuntergang zuschaute, da war es ihm jedes Mal, als würde alles noch einmal lebendig werden, bis es stiller wurde und der Mond seine Herrschaft antrat.

Es war wieder Abend, und wieder saß er nach der Arbeit auf der Bank am Fjord. Doch diesmal dachte er darüber nach, dass nun sein Arbeitsleben bald zu Ende gehen würde. Dann würde auch seine bisherige, gewohnte Lebensweise aufhören, der Tagesrhythmus sich ändern und allmählich der Weg in die gesellschaftliche Bedeutungslosigkeit beginnen.

Er lächelte, wenn er an die Abschiedsreden dachte, die – so hatte er es immer wieder erlebt –, nicht vom Ruhestand sprachen, sondern vom Unruhestand. Aber in Wirklichkeit war es anders. Kaum war man verabschiedet, wurden die Schreibtische umgestellt, andere Entscheidungen getroffen und vieles neu organisiert. So war es immer schon gewesen, und so würde es auch bei ihm sein.

Er wusste, dass ein neuer Lebensabschnitt auf ihn zukam. Nach und nach würde alles langsamer werden und schwerfälliger, die Gebrechlichkeiten würden kommen und ihn beeinträchtigen. Schließlich, das war nicht zu vermeiden, würde er zunehmend abhängig werden von anderen Menschen, von ihren Fähigkeiten und vor allem von ihrer Mitmenschlichkeit.

Er saß auf der Bank, wie jeden Abend zuvor, und schaute dem Sonnenuntergang zu, diesem mächtigen Glutball, der den Horizont hinunterrollte und langsam verschwand. Die Wolken leuchteten noch eine Zeit lang rötlich, dann wurde es kühler und die Farben verloren ihre Wärme. Er hatte immer das Gefühl, dass mit der Sonne auch die Energie fortging, die den Tag getragen und vorwärtsgetrieben hatte. Es wurde ruhig und still.

Er dachte an seinen Onkel. Der war sein Leben lang Bauer gewesen auf einem großen Hof. Als er ihn an seinen Sohn übergeben hatte, fuhr er immer noch mit seinem Fahrrad an der Bahnlinie entlang hinaus zum Hof auf dem flachen Land. Nun war ihm dies nicht mehr möglich. Er war ins Altenheim umgezogen. Und er war dankbar dafür, dass er dort gut versorgt wurde.

War das Alter die Zeit für die Dankbarkeit? Wenn man zurückschaute, die guten und schlechten Zeiten überblickte, die Erfolge und Misserfolge, wenn man das Schöne sah, das einen sein ganzes Leben lang begleitet hatte, und das man vielleicht erst jetzt, im zeitlichen Abstand, wirklich begriff? War es dann an der Zeit, dankbar zu werden und innerlich Frieden zu schließen?

Er saß auf der Bank, draußen am Fjord und blickte hinüber zur geschäftigen Stadt, deren Lichter sich im Wasser widerspiegelten. Dazu gehörte er nicht mehr. Ein Rentner unter vielen würde er bald sein, und wie so viele einer, der vielleicht ein wenig den Verkehr durch seine Langsamkeit behinderte. Oder der, wie so viele andere auch, auf einer Bank saß.

Er lächelte. Er sah über das Schilf, das sanft hin und her wogte. Er sah auf das Wasser mit seinen ruhigen Wellenbewegungen. Er hörte auf das Kreischen der Möwen. Dazu gehörte er nun, zu den Rhythmen des Lebens, die auch bei ihm keine Ausnahme machten.

Ja, Dankbarkeit. Dankbarkeit dafür, dass man zum Leben etwas beigetragen hatte, auch wenn man am Anfang viel mehr hatte leisten wollen. Dankbarkeit dafür, dass es gut gegangen war, halbwegs zumindest, und dass Freud und Leid sich die Waage gehalten hatten. Vielleicht auch Dankbarkeit dafür, dass es einem vergönnt war, sich in Frieden auf den Weg des Abschieds zu begeben.

Er würde am Abend zu der Bank am Fjord gehen und der Sonne zusehen, wie sie unterging. Er würde dem Schilf zuhören und den Wellen. Und auf die Sterne warten.

Eine kleine Trollgeschichte

Der alte Troll saß vergnügt vor seiner Höhle. Er schmunzelte vor sich hin, und sein Lächeln zog sich von einem Ohr bis zum anderen. Seine Frau schaute ihn verdutzt an und sagte: »So kenne ich dich gar nicht. Du bist doch sonst so mürrisch und schweigsam. Es muss etwas Besonderes geschehen sein.«

Der alte Troll lachte: »Ja, es ist etwas Besonderes geschehen. Ich habe den Menschen das Alter ausgetrieben, und nun glauben sie alle, sie wären noch jung.« Die Frau schüttelte den Kopf. »Das geht doch gar nicht«, sagte sie. »Niemand kann das Alter vertreiben, das weißt du doch.« Und sie schaute ihn missbilligend an. »Natürlich weiß ich das«, sagte der Troll. »Aber die Menschen glauben es. Und wir haben großen Gewinn davon.«

Und er erzählte: »Wenn man alt wird, das wissen wir Trolle, bekommt man etwas geschenkt. Es ist die Weisheit, die aus den Erfahrungen wächst, und es ist die Lebensklugheit, die über die Jahre heranreift. Junge Menschen können weder weise noch lebensklug sein, weil man dazu die Zeit der Jahre braucht. Das ist auch der Grund dafür, weshalb wir Trolle die Jungen leicht auf närrische Wege führen können, aber die Alten nicht. Sie wissen einfach zu viel.«

Die Trollfrau nickte. Ja, die Alten wussten einfach zu viel. Sie machten nicht jeden Unsinn mit, und sie gingen nicht jeden Irrweg. Sie konnten die Balance des Lebens halten und die Nüchternheit bewahren. Sie fand Gefallen an der Geschichte ihres Mannes.

»Ich bin selbst ganz erstaunt«, fuhr der alte Troll fort, »wie leicht mir das gelungen ist. Ich habe einfach die Jugend zum eigentlichen Ziel des Lebens erklärt. Dann flüsterte ich den einen »Fitnesscenter« ins Ohr, und den anderen schenkte ich Hefte über Diätkuren. Ich erklärte Schlanksein für ein erstrebenswertes Ziel und vergoldete die Flexibilität und die Mobilität. Nirgendwo ließ ich zu, dass die Menschen nachdachten, geschweige zur Ruhe kamen. Und ich malte ihnen das Alter mit den Farben der Krankheit und Gebrechlichkeit vor Augen, sodass sie vor dem Alter zurückschreckten und selbst als 80-Jährige noch glaubten, jung zu sein.«

Der alte Troll schaute vergnügt vor sich hin. »Es ist mir gelungen«, kicherte er. »Es ist mir gelungen«. Und er nahm einen Grashalm und blies eine lustige Melodie auf ihm. »Und wo ist unser Nutzen von all dem?« fragte die Trollfrau. »Aus Narren kann man doch keinen Nutzen ziehen?«

»Doch, doch!« lachte der alte Troll. »Weil sie alle nicht mehr alt werden wollen, werden sie auch nicht mehr weise und lebensklug. So kommen sie uns nicht mehr in die Quere. Die Welt ist ein Narrenhaus geworden, und das gefällt mir außerordentlich gut«.

Da lachte auch die Trollfrau. »Mein guter Mann«, sagte sie. »Wenn es auch selten ist, aber diesmal kann selbst ich von dir lernen.« Und sie nahm ihn bei den Händen und tanzte mit ihm auf der Wiese bis zum Abend hin, ehe sie beide zu Bett gingen und außergewöhnlich gut schliefen.

Das Märchenbuch

Hinten in der Ecke des Wohnzimmers, auf der alten Eichenkommode, lag ein Buch. Es war ein dickes Buch mit ledernem Einband, und es schien, als hätte es schon lange niemand mehr in die Hand genommen, denn es hatte sich schon ein wenig Staub darauf gesetzt.

Auf der alten Eichenkommode standen noch zwei versilberte Kerzenständer, eine Vase mit vertrockneten Rosen und eine kleine Uhr, die keine Zeiger mehr hatte. Man hatte den Eindruck, das waren alles Dinge, die nur noch darauf warteten, abgeholt zu werden.

So war es auch! Für den nächsten Tag hatte sich der Sperrmüll angekündigt, und dann wollten die Großeltern alles wegtun: die Kommode, die Kerzenständer, die Vase, die Uhr und das Buch, ja, auch das Buch. Es waren für sie nur noch überflüssige Gegenstände, alt, verbraucht und wertlos.

Doch an diesem Tag klingelte es, und die Enkelin stand mit ihrem Rucksack vor der Tür. Sie durfte bei den Großeltern übernachten. Mit einem frohen Lächeln begrüßte sie ihre Großeltern, und kaum saß sie bei ihnen am Tisch, da sprudelte es nur so aus ihr heraus. Sie erzählte von der Schulfreizeit, und dass ihre Lehrerin ihnen am Abend immer eine Gutenachtgeschichte vorgelesen hatte. Das waren spannende Geschichten gewesen, voller Drachen und Räuber, Könige und Prinzen, Feen und Hexen. Ihre Lehrerin hatte sie aus einem alten Buch vorgelesen und ihnen erzählt, dass es solche Bücher heute nicht mehr gäbe. Das fand sie sehr traurig, denn warum sollten all diese Geschichten in Vergessenheit geraten? Sie waren doch so voller Leben!

Die Großeltern lächelten über die Begeisterung ihrer Enkelin. Und dann gingen sie gemeinsam auf das große Marktfest in der Stadt. Da duftete es nach Bratwürsten und Heringen. Da gab es Lakritzstangen und Zuckerwatte. Das Riesenrad drehte sich, die Geisterbahn stieß unheimliche Töne aus und die Kettenkarusselle hoben die Besucher hoch hinauf in die Lüfte. Und überall waren die Großeltern mit ihrer Enkelin mit dabei. Es war kein Wunder, dass die Enkelin am Abend nicht einmal mehr etwas zu essen wollte, sondern todmüde gleich in ihr Bett kroch, das ihr die Großeltern auf dem Sofa im Wohnzimmer gemacht hatten. Sie wollten ihr auch wie die Lehrerin eine Gutenachtgeschichte vorlesen und hatten sich extra ein Bilderbuch dazu bereitgelegt, aber da war die Enkelin schon eingeschlafen.

Als der Mond zum Fenster hereinschaute, da begann sich das das dicke Buch auf der alten Eichenkommode zu öffnen. Drachen und Räuber schlüpften heraus, Könige und Prinzen, Feen und Hexen, und sie alle eilten hinüber zu dem Sofa, auf dem das kleine Mädchen schlief.

»Du musst uns helfen«, flüsterten sie der Enkelin ins Ohr. »Morgen sollen wir alle in den Sperrmüll geworfen werden, und dann gibt es kein Märchenbuch mehr, und uns gibt es auch nicht mehr. Kannst du uns hören? Du bist unsere letzte Hoffnung!«

Die Enkelin wachte tatsächlich auf und setzte sich. Verwundert rieb sie sich die Augen, doch dann war sie hellwach. Und die Märchengestalten erzählten ihr, wie sie den Menschen über die Jahrhunderte hinweg Trost gespendet hatten und ihnen geholfen hatten, seelisch zu wachsen. Und nun sollten sie in den Sperrmüll geworfen werden. Was war das nur für eine Welt!

»Wir sind doch keine eingebildeten Fantasiegeschichten!«, schniefte der Drache empört. »Wir sind doch Gestalten voller Weisheit und Erfahrung«, sangen die Feen. Und der König schüttelte nur den Kopf über so viel Dummheit der modernen Zeit.

Da stand die Enkelin auf und holte sich das alte, in Leder eingebundene Buch. »Ich werde euch retten«, versprach sie.

»Schlüpft nur wieder hinein in eure Geschichten.« Die Märchengestalten atmeten auf und huschten in die Seiten des dicken Buches zurück. Und das Mädchen legte das Buch unter sein Kopfkissen und schlief weiter.

Als der Sperrmüll am nächsten Tag alles mitnahm, war das Buch nicht mit dabei. Doch das fiel den Großeltern nicht weiter auf, sie waren froh, dass sie den alten Plunder loshatten. Das Märchenbuch aber war im Rucksack der Enkelin verborgen. Und so blieb es erhalten, und es spendet immer noch Trost und Weisheit, denen, die es aufschlagen und lesen. Denn das ist seine Aufgabe über die Jahrhunderte hinweg bis heute.

Der Schmetterling

Mir flog ein Schmetterling entgegen. Er kam aus einer Höhle, hoch oben am Berg. Er kam direkt auf mich zu, so als wollte er mir sagen: »Komm mit, ich will dir etwas zeigen.«

Ich legte meinen Rucksack ab, holte die Taschenlampe hervor und folgte ihm. Der Schmetterling flog wieder zum Eingang der Höhle zurück. Eine Treppe verlief nach unten und verschwand in der Dunkelheit. Der Schmetterling flog zielstrebig nach unten und verharrte nur manchmal, so als wollte er hören, ob ich auch mitkäme.

Die Luft wurde kalt. Überall tropfte es. Meine Schritte hallten an den Wänden wider. Ich erinnerte mich an Geschichten, in denen erzählt wurde, wie Menschen von Höhlen verschluckt und nicht mehr freigegeben wurden. Doch ich folgte dem Schmetterling.

Plötzlich sah ich Licht, und ein Raum tat sich vor mir auf. Ich sah einen Tisch mit vielen Büchern und einer brennenden Kerze. Ein Mann saß auf einem Stuhl und beugte sich über ein Buch. Der Schmetterling ließ sich vor ihm nieder. Langsam wandte sich der Mann mir zu. Sein Gesicht war eingefallen, und seine Augen waren müde. »Willkommen«, sagte er. »Willkommen in meinem Reich.« Ich schwieg, weil ich nicht wusste, was ich ihm sagen sollte. Er strahlte zu viel Müdigkeit und zu viel Last aus.

»Willkommen«, sagte der Mann noch einmal und seufzte. »Ich sitze schon lange hier unten und denke über mein Leben nach. Viele Tagebücher habe ich vollgeschrieben, doch ich habe keine Lösung gefunden. Und so bin ich hier unten geblieben. Es gibt nicht für alles eine Lösung, oder?« Er schaute mich prüfend an. »Nein«, sagte ich. »Es gibt nicht für alles eine Lösung. Aber das Leben geht weiter.«

Er lachte bitter. »Ja, das Leben geht weiter. So sagen sie alle. Doch wenn die Last zu groß ist, dann geht es ohne einen weiter. Dann ist es besser, von der Erdoberfläche zu verschwinden.«

»Das Leben will auch mit dir weitergehen«, sagte ich. »Was geschehen ist, kannst du nicht ändern. Aber das Leben will nicht deine Verzweiflung, und deine Selbstvorwürfe will es auch nicht. Niemand hat das Recht, sich selbst zu vergraben. Auch dein Leben geht weiter. Wenn du hier unten nachdenklicher geworden bist und vielleicht auch gütiger, warum sollten es deine Mitmenschen nicht spüren? Glaub mir, es gibt noch mehr Berge, in denen sich Menschen verkriechen als nur deinen Berg. Und nicht jeder hat einen Schmetterling.«

Der Mann schaute den Schmetterling an, der mit seinen bunten Flügeln vor ihm auf dem Buch saß. »Dich hat wohl die Sonne geschickt«, sagte er, und ein kleines Lächeln zeigte sich auf seinem Gesicht. Und dann gingen wir gemeinsam die Treppe hoch. Der Mann und ich. Und der Schmetterling flog voran.

Herbst

Der alte Apfelbaum

Am Schulweg stand ein alter Apfelbaum. Er war immer schon da gestanden, und kein Schulkind wusste es anders. Er trug nur noch wenige Äpfel an seinen Zweigen und schaute nachdenklich auf die jungen Apfelbäume, die neu in seiner Nähe gepflanzt worden waren. »Ich will auch noch etwas leisten«, sagte er zu sich. »Ich will noch nicht zum alten Eisen gehören.« Und ein leises Zittern lief durch seine runzlige Rinde, so als würde der Stamm ein wenig beben vor Trauer.

Die Sonne sah ihn an und lächelte. »Deine Zeit ist gekommen«, sagte sie und berührte ihn sanft mit ihren Strahlen. »Du brauchst dich nicht zu verkrampfen. Lass los und verschenke deine letzten Äpfel, die du noch hast.« Der alte Apfelbaum schüttelte sich und antwortete: »Schau dir meine Äpfel an: wie klein sie geworden sind! Sie können mit den Äpfeln der jungen Bäume nicht konkurrieren. Sie will doch keiner mehr haben. Nein! Ich muss mich anstrengen und es allen noch einmal zeigen.« Die Sonne schwieg, doch ihre Strahlen berührten sanft den alten Baum. Und der alte Apfelbaum strengte sich an, seinen wenigen Äpfeln besonders viel Kraft zukommen zu lassen.

Am nächsten Tag sah die Sonne wieder nach dem Apfelbaum. Sie sah, wie er sich mühte, und sie sagte zu ihm: »Deine Zeit ist doch gekommen. Lass doch einfach los und verschenke das, was du noch hast.« Aber der Apfelbaum antwortete nicht. Er konzentrierte sich darauf, mit den jungen Apfelbäumen mithalten zu können. Und er merkte darüber nicht, wie die Jungen ihn nicht mehr beachteten. Nur manchmal schauten sie zu ihm hinüber, aber er stand abseits, und er war alt für sie. So vertieften sie sich erneut in ihr Gespräch. Wieder schwieg die Sonne, und wieder schickte sie ihre Strahlen zum alten Apfelbaum, um ihn sanft zu berühren.

Als es Nacht wurde, und die Sterne am dunklen Himmel aufzogen, da war es, als würde der alte Apfelbaum wie aus einem tiefen Traum erwachen. »Mache ich etwas falsch?«, fragte er den Mond. »Nein«, antwortete der Mond. »Du machst nichts falsch. Du gehst nur den Weg, den ein jeder geht, wenn er alt wird. Und ein jeder muss lernen: Ich bin noch da, aber ich gehöre nicht mehr dazu. Doch es gibt etwas, das dir helfen wird, deinen Weg in Würde zu Ende zu gehen.« »Kannst du mir sagen, was es ist?«, fragte der Apfelbaum den Mond. »Ja«, sagte der Mond, »ich kann dir sagen, was es ist. Wenn man am Rande des geschäftigen Lebens angekommen ist, dann ist es Zeit, sich segnen zu lassen.«

Als die Sonne aufging und auf den alten Apfelbaum schaute, da stand er ganz anders da als am Tage zuvor. Es war keine Hektik mehr in ihm zu spüren, es war keine Verkrampfung mehr in ihm sichtbar. Aufrecht stand er da, ruhig und gelassen.

Da wusste die Sonne, was sie zu tun hatte. Sie schickte ihre Strahlen aus, und die Strahlen umarmten den Baum. Er lächelte, und er ließ sich segnen. Auch die wenigen Äpfel, die er noch trug, nahmen die Strahlen der Sonne in sich auf und reiften heran zu Äpfeln des Segens. Solche Äpfel wachsen nur am Ende eines Lebens und auch nur dann, wenn man sich segnen lässt. Als der Apfelbaum sie losließ, da lagen sie unten im Gras, leuchtend und duftend, und viele Jahre später noch sagten die Schulkinder, dass sie nie süßere Äpfel gegessen hätten.

Der alte Apfelbaum ließ von nun an die segnende Kraft zu. Auch wenn er keine Äpfel mehr trug, so konnten doch die Vögel ein Nest in seinen Ästen bauen und die Kinder im Schatten seiner Blätter spielen. Und der alte Apfelbaum? Er lächelte dazu.

Das verborgene Haus

Ich saß in einem VW-Bus und schaute zum Fenster hinaus. Wir waren unterwegs zu einem Weinlokal und freuten uns auf einen schönen Abend. Es war wenig Verkehr auf der Straße, die Sonne ging langsam unter, und ich sah auf die Felder und Wiesen, an denen wir vorbeifuhren. Auf einmal glaubte ich, in der Ferne, inmitten der Hügel, ein Haus zu erkennen. Es war in hellen Farben gemalt und schimmerte leicht. Ich machte meine Freunde darauf aufmerksam, doch sie sahen kein Haus. »Dir hat deine Fantasie einen Streich gespielt«, lächelten sie und unterhielten sich weiter.

Am nächsten Tag fuhr ich im eigenen Auto die gleiche Strecke noch einmal. Ich kam an die Stelle, wo ich glaubte, ich hätte ein Haus gesehen – und ich sah es wieder. Dort hinten, in der Ferne, stand es, in hellen Farben gemalt, und es schimmerte leicht.

Ich bog die nächste Kreuzung ab und versuchte, möglichst nahe an das Haus heranzukommen. Doch es gelang mir nicht ganz. So stellte ich mein Auto ab, ging über den schmalen Feldweg, an den Weiden vorbei, und dann stand ich vor dem Haus. Da die Tür nur angelehnt war, klopfte ich an und ging behutsam hinein.

Ich kam in einen großen Raum, der mit Holz verkleidet war. Dicke Balken unterteilten ihn, und in der Mitte stand ein Tisch. Einige Personen saßen um den Tisch und schauten mich freundlich an. »Herzlich willkommen!«, sagten sie und lächelten. »Wir haben auf dich gewartet. Nun setz dich zu uns. Wir haben Brot für dich aufgeschnitten und dir ein Glas Wein eingeschenkt.«

Ich setzte mich zu ihnen und schaute mich verwundert um. Alles schimmerte leicht, so als würde ein Licht durch alles hindurch scheinen. Aquarelle hingen an der Wand und Frühlingsblumen standen auf dem Tisch. Ich trank einen Schluck Wein und brach ein Stück Brot.

»Wo bin ich?«, fragte ich. »Meine Freunde haben dieses Haus nicht gesehen. Sie glaubten, meine Fantasie hätte mir einen Streich gespielt.«

»Dieses Haus wird nicht von jedem gesehen«, sagte mein Nachbar. Er war etwas altmodisch gekleidet und trug einen langen weißen Bart. »Es ist ein verborgenes Haus, weil die wesentlichen Dinge der Welt im Verborgenen stattfinden. Es ist das Haus der Seele, das einem jeden Menschen offen steht. Es ist sein wahres Zuhause.«

»Aber warum finden es dann nur wenige Menschen, wenn es doch so wichtig ist für sie?«, fragte ich. »Die Erklärung ist leicht«, antwortete die Frau mir gegenüber. Sie war jung und trug ein blaues Kleid mit einer Bernsteinkette. »Die meisten Menschen beachten nur die äußeren Dinge und orientieren sich an ihnen. Sie sehen das Licht nicht, das alles durchzieht, und das sie zu diesem Haus führen würde. Und das sie glücklich machen würde.« Sie lachte, und ihr Lachen war wie ein sprudelnder Bach aus der Tiefe der Zeit.

»Wir freuen uns, wenn jemand zu uns gefunden hat. Sei von ganzem Herzen willkommen. Denn wir brauchen einen jeden für die Aufgabe, die uns gestellt ist.« Ich schaute sie alle an. Und dann erklärten sie mir ihre und jetzt auch meine Aufgabe. Es war eine schöne Aufgabe, eine Aufgabe, die das Leben einem jeden stellt. Wir sollten unsere Mitmenschen darauf aufmerksam machen, wie wertvoll sie waren. Dass sie noch ein anderes Zuhause hatten. Dass sie keine Angst vor dem Tod haben müssten, denn für sie wäre immer ein Platz frei an dem Tisch mit den Frühlingsblumen und dem Brot und dem Wein.

Das Hören der Freude

Der Mann lehnte am alten Eichenbaum. Er fühlte die rissige Rinde in seinem Rücken, er hörte das Rauschen der Blätter, und er spürte die große Ruhe, die von dem Eichenbaum ausging.

Es war Abend. Ein leichter Wind wehte über die Weizenfelder vor ihm. Die Sonne schickte ihre letzten Strahlen, und ganz in der Ferne hörte er die Glocken einer Kirche. Stille hüllte ihn ein, eine gelassene, wohltuende Stille.

Gab es Glück auf dieser Erde? Nachdenklich schaute er in die Ferne. Was machte eigentlich das Leben so schwer? Er nahm die Weizenfelder wahr, wie sie sich in leichten Wogen bewegten, er sah, wie die Sonne die wenigen Wolken am Himmel rot anmalte, und immer noch hörte er die Glocken der Kirche. Da begann der alte Eichenbaum zu sprechen:

»Vor vielen Jahrzehnten, als ich noch jünger war, wurde dieses Land vom Krieg überzogen. Aber die Tage des Krieges sollten bald vorbei sein, und ein junger Mensch wollte sich dem Schrecken entziehen. Er war fast noch ein Kind. Doch er wurde aufgegriffen und an einem meiner Äste aufgeknüpft. Ein Schild wurde ihm um den Hals gehängt, und auf dem Schild stand: Feigling. An jenem Tag wünschte ich, dass mir alle meine Äste abgebrochen wären, doch ich konnte nichts dagegen tun.«

Der alte Eichenbaum seufzte: »Es sind die Menschen, durch die die Schatten in die Welt kommen. Es sind nicht die Bäume und nicht die Weizenfelder. Es sind nicht die Wolken und nicht die Vögel. Es sind die Menschen, die der Erde ihr Glück rauben.«

Der Mann hörte den alten Eichenbaum sprechen, und er hörte nur zu. Er wog jedes der Worte in seinem Herzen auf seinen Wahrheitsgehalt, und er vermochte noch nicht zu antworten.

»Wenn der Sturm kommt«, so fuhr der Baum fort, »so nimmt er manchen meiner morsch gewordenen Äste mit sich mit, und auch mich wird er einmal mitnehmen, aber das ist kein Schatten. Wenn die Sonne auf mich scheint und der Regen sich lange zurückhält, dann müssen meine Wurzeln sich tief in die Erde graben, um dort Wasser zu finden, aber das ist kein Schatten. Das alles ist der Lauf des Lebens, wie es immer schon war und wie es immer sein wird. Der Schatten kommt erst durch den Menschen.«

Der Mann hörte den Worten des alten Eichenbaumes zu. Ja, der Baum hatte recht. Nirgendwo in der Natur lebte der Schatten. Es gab Überschwemmungen und manchmal große Katastrophen, aber sie gehörten zum Laufe des Lebens, das sich unaufhörlich wandelte. Alles veränderte sich, manches verschwand, manches wurde neu, doch alles war Teil einer großen Lebensmelodie mit ihrem eigenen Zusammenhang. Erst der Mensch veränderte dies, indem er aus diesem Zusammenhang herausfiel.

Der Mann lehnte sich an den Baum und spürte, wie sich eine Kraft im Baum entfaltete. Und er spürte diese Kraft in den Weizenfeldern vor sich und in den Wolken, hoch oben am Himmel. Es war, als ob alles um ihm herum vibrierte. Es war, als ob er in diesem Augenblick hineinverwoben wurde in diese lebensschaffende Kraft. Voller Freude schuf sie jeden Augenblick neues Leben, und einen Teil dieses Schaffens bezeichneten die Menschen als Tod.

Jetzt verstand der Mann, warum die Schatten durch die Menschen kamen. Sie wollten sich dieser Kraft nicht überlassen. Sie wollten nicht Teil ihres Rhythmus sein. Sie wollten nicht einstimmen. Sie weigerten sich, das Leben zu achten, so wie es war. Und begannen die Schatten hervorzurufen.

Der Mann sah, wie der Mond langsam am Himmel emporstieg. Die Luft war noch mild. Er hörte das Zirpen der Grillen, und er spürte die schöpferische Freude, die ihn umgab. Er stand auf und ging voller Dankbarkeit weiter. Zu den Schatten wollte er nicht gehören.

Vertrauen

Er lief seine alte Strecke im Wald. Er war sie immer schon gelaufen. Wenn sein Körper unruhig wurde, dann wusste er, es war wieder an der Zeit, die Turnschuhe anzuziehen und sich auf den Weg zu machen. Große Gedanken müssen erwandert werden, heißt es, aber sie können auch erlaufen werden. Das hatte er oft erlebt.

Es war am späten Nachmittag. Die Arbeit lag hinter ihm, und er hatte für den Rest des Tages nichts weiter vor. Er brauchte sich nicht zu beeilen. Er konnte in Ruhe laufen, konnte den Weg spüren und die Bäume wahrnehmen, dem Plätschern des Baches lauschen und auf den Ruf der Vögel hören.

Er hatte früher geglaubt, dass ein jeder seines Glückes Schmied sein würde. Man müsste nur klare Zielvorstellungen entwickeln, seine Ärmel hochkrempeln, dann würde einem das Leben gelingen, so, wie man es wollte. Doch mit zunehmendem Alter hatte er gemerkt, dass diese Vorstellung nicht zutraf. Das Leben verlief anders.

Er hatte festgestellt, dass er abhängig war, abhängig von so vielem. Er musste essen und trinken, um sich zu erhalten, und dafür musste er arbeiten. Er brauchte ein Dach über dem Kopf, um sich zu schützen, und auch dafür musste er arbeiten. Zugleich wurde ihm vieles geschenkt: Luft und Licht, Farben und Töne. Doch vor allem fühlte er seine Abhängigkeit beim Älterwerden. Er konnte nichts dagegen tun. Manchmal dachte er sogar darüber nach, was er selbst leistete. Was trug er eigentlich selbst zum Leben bei, wenn doch alles vorgegeben war, und er manchmal das Gefühl hatte, nur geschoben zu werden?

Er lief an den Birken vorbei. Er liebte diese Strecke. Links und rechts vom Weg wuchsen die Birken, und wenn die Sonne sie anstrahlte, dann wurde alles hell und licht. Etwas Spielerisches umgab sie. Was leisten die Birken?, dachte er: Nichts, antwortete er sich selbst, die Birken leisten nichts. Sie lassen sich nur zu.

Und da begriff er etwas, was ihm vorher nicht aufgegangen war: Die Birken wachsen nicht einfach als Strauch oder als Baum in die Höhe, sie lassen sich als Birken zu. Sie wollen gar nichts anderes sein. Sie verwirklichen nur, wozu sie bestimmt sind. Und vertrauen darauf, dass es gut wird.

Sagt der Mensch »Nein!« zu seiner Bestimmung, weil er ihr nicht vertraut?, dachte er. Hat er Angst davor, sich ihr zu öffnen? Und zuzulassen, was in ihm wirklich werden möchte?

Er lief jetzt am Bach entlang. Er mochte ihn. Er sah gerne dem schnell dahinfließenden Wasser zu und hörte auf das helle Plätschern. Was leistet der Bach?, dachte er. Nichts, antwortete er wieder sich selbst, der Bach leistet nichts. Er lässt sich nur zu. Und doch fließt er nicht einfach als Wasser oder als Teil eines Flusslaufes. Er verwirklicht nur, wozu er bestimmt ist: Bach zu sein in diesem Stück des Waldes. Und er vertraut darauf, dass es gut wird.

Auf einmal fühlte er die Lebendigkeit des Lebens, spürte die wirkende Kraft in allem. Und er verstand, dass diese wirkende Kraft nicht von selbst wirklich wird. Es gehört immer noch ein Schritt dazu, ein »Ja«. Ein Schritt des Vertrauens, und ohne diesen Schritt wird nichts wirklich. Die Birken vertrauen und der Bach vertraut. Nur der Mensch nicht. Er sagt »Nein«.

Ist es die Liebe, die im Menschen wirklich werden will?, dachte er. Die Liebe als eine fließende Bewegung, die nur sichtbar wird in dem Menschen, der ihr vertraut? Doch der Mensch will sich nicht verschenken. Er will sich nicht loslassen. Er will sich festhalten. So sagt er »Nein«. Er vollzieht nicht den Schritt des Vertrauens, zu dem ihn das Leben auffordert. Und so tut sich der Riss auf, aus dem so viel Unheil kommt.

Er war jetzt am Waldesrand angelangt. Weit konnte er von hier aus sehen, weit über die Wiesen und weit über die Felder. In der Ferne schimmerten einige Hügel. Er nahm die Bewegung in allem wahr und beschloss, endlich, ihr zu vertrauen.

Es wartet immer noch etwas

Er saß auf der Bank, ein wenig abseits von der Gaststätte, und schaute ins Tal hinunter. Lachen klang zu ihm herüber. Er hörte, wie die Essen zum Abholen aufgerufen wurden, und er hörte Gläserklingen und helle Kinderstimmen. Er hatte sich zurückgezogen, denn er war müde geworden vom Aufstieg und vom guten Essen, und wollte nun allein sein.

Er liebte diesen Blick ins Tal. Er sah die Kurstadt inmitten der Berge vor sich liegen. Er fühlte, wie das Leben in ihr pulsierte, und wie sie zugleich eingebettet war in die Schönheit der Höhenzüge. Alles war miteinander verwoben, die menschliche Aktivität und die Erhabenheit der Natur.

Vor vielen Jahren, da war er oft frühmorgens, noch vor Sonnenaufgang, aufgestanden und in die Berge gegangen. Wie hatte er diese morgendlichen Bergtouren geliebt! Wie hatte er sich gefreut über den erwachenden Tag, den frischen Vogelgesang und die kühle Luft! Kraftvoll war er gestiegen und hatte das Glück in vollen Zügen genossen.

Jetzt war es anders. Jetzt war er auf einen Stock angewiesen. Doch er war damit zufrieden. Warum auch nicht? Alles hatte seine Zeit, und alles ging vorüber. Das Glück auch?

Er kannte noch die alte Gaststätte unten am Fluss, die inzwischen abgerissen worden war, und er kannte noch die alten Wanderwege, die schon lange ersetzt worden waren. Die

Jüngeren wussten von all dem nichts mehr, und warum sollte er von den vergangenen Dingen erzählen? Alles veränderte sich, manchmal zum Guten und manchmal zum Schlechten. Ein jeder wuchs mit seiner Zeit auf, und ein jeder ließ sie mit sich zurück.

Nachdenklich schaute er zu den Bergen hinüber. Vielleicht war es ja ein Zeichen des Alters, dass man sich wieder mit seiner Vergangenheit auseinandersetzte, dass die Erlebnisse von früher wieder lebendig wurden und der Lebenskreis sich zu schließen begann. Aber er hatte das Gefühl, dass dies nicht alles war. Natürlich begann sich sein Lebenskreis zu schließen. Und ebenso natürlich war es, dass er an vielem nicht mehr teilnehmen konnte und manches auch nicht mehr verstand. Aber er hatte nicht den Eindruck, dass sein Leben damit aufhörte, er hatte eher das Gefühl, dass noch etwas auf ihn wartete. Etwas, das lange auf ihn gewartet hatte. Wenn er zurückschaute, sah er das Ende, doch wenn er nach vorne schaute, spürte er etwas anderes. So als wollte dieses andere sagen: Jetzt bin ich an der Reihe.

Er sah hinüber zu den Bergen, und auf einmal war es ihm, als ob er in den felsigen Hängen Gesichter entdeckte, Gesichter, die ihm freundlich zulächelten. Die Sprünge, Risse und Kanten verdichteten sich und formten sich zu Augen, Nasen und Mündern. Und es war ihm, als würden die alten Bäume um ihn herum lebendig werden und ihm ebenfalls aufmunternd zuknarren. Selbst der Spatz, der sich neben ihm niedergelassen hatte, schien ihn anzuschauen und ihm zu sagen: Na, mach schon! Wehr dich doch nicht!

Ja, es gibt noch etwas. So wie der Sonntag die Menschen darauf aufmerksam macht, dass es mehr gibt als Arbeit und Hektik, Mühe und Sorgen, so macht die Zeit des Alters auf den großen Horizont des Lebens aufmerksam und sagt: Jetzt ist er dran. Du hast lange genug gearbeitet. Schau in Frieden zurück. Lass dich von der Weite berühren, die auf dich wartet.

Von der Gaststätte her hörte er das Lachen der Menschen. Er hörte das Gläserklingen und das Rufen der Kinder. Er stand auf und ging wieder zurück zu seinem Platz. Ja, er gehörte immer noch dazu. Doch seine Aufgabe war es nun, von dem großen Horizont des Lebens zu erzählen, wenn es notwendig war oder wenn er gefragt wurde.

Als er einen Schluck aus seinem Bierglas nahm, fragte ihn seine Enkelin. »Was hast du gesehen, Opa, als du dort auf der Bank gesessen warst?« Und sie schaute ihn mit ihren offenen Augen an, wie nur Kinder schauen können. »Ich habe gesehen, wie die Berge gelächelt haben«, antwortete er. »Dann ist es gut«, sagte seine Enkelin. »Denn wenn die Berge lächeln, dann können auch wir lächeln.« Und sie hob ihr Glas, voll mit knallgelber Limonade, und rief: »Darauf stoßen wir an«. »Ja«, sagte er, »darauf stoßen wir an.« Und er wusste, es wird gut.

Du musst Vertrauen haben!

Ich hörte die Stimme zuerst oben im Wald. Unter den alten Granitfelsen war eine Quelle eingefasst, und sie machte sich auf zum Meer. Es war eine Freude, ihr zuzuschauen. Wie klar ihr Wasser war! Und wie fröhlich sie dahinsprudelte!

»Hast du keine Angst vor dem langen Weg?«, fragte ich die Quelle. »Denkst du nicht daran, was dir alles zustoßen könnte?« Doch die Quelle lachte nur und rief mir zu: »Du musst Vertrauen haben!« Und sprang an mir vorbei.

Unten im Tal traf ich die Quelle wieder. Sie war inzwischen zum Bach geworden und schlängelte sich durch die Wiesen. »Wie geht es dir?«, fragte ich den Bach. »Die Mühlenräder warten schon auf dich. Du wirst Arbeit bekommen und den Ernst des Lebens erfahren.« »Das macht nichts«, antwortete der Bach. »Dazu bin ich doch da. Du musst Vertrauen haben.« Und damit plätscherte er weiter.

Einige Wochen später stieß ich wieder auf den Bach, doch nun war er zu einem kleinen Fluss geworden. Angler saßen am Ufer, einige Enten schwammen auf ihm, und Bagger machten sich daran, ihn in ein neues Naherholungsgebiet mit einzubeziehen.

»So hast du dir deinen Weg zum Meer wohl nicht vorgestellt?«, fragte ich den kleinen Fluss. »Wahrscheinlich hast du geglaubt, du könntest so fröhlich dahinfließen wie auf deinem Weg durch die Wiesen«. Doch der kleine Fluss lachte nur. »Warum sieht du nur alles so dunkel? Da bin ich doch auch schon über Mühlenräder geflossen und habe gearbeitet. Nein, ich nehme das Leben, wie es ist, und fließe weiter. Du musst Vertrauen haben.« Und der kleine Fluss floss an mir vorbei, ohne sich viel um mich zu kümmern.

Ich war nun neugierig geworden. Ich verstand nicht, wie jemand so sorglos leben konnte, und fuhr mit meinem Auto zum Staudamm. Der Staudamm würde dem kleinen Fluss sicher seinen Lebensmut nehmen.

Ja, da war er auch schon, der Staudamm. Er hielt den kleinen Fluss auf, und aus dem fließenden Wasser wurde stehendes Wasser. Äste trieben auf dem Gewässer, einige Plastikeimer waren zu sehen, und teilweise war die Oberfläche mit einer Schicht Dreck überzogen. Nur nebenan durch die enge Schleuse konnte der Fluss weiterziehen.

Ich setzte mich auf die Bank neben dem Staudamm und lauschte. »Du hast recht«, sagte die Stimme zu mir. »Es ist nicht alles einfach im Leben. Manchmal wird man aufgehalten und kann nicht so weiter, wie man es gerne möchte. Das geht wohl jedem so. Aber man darf sich nicht einrichten in solchen Situationen, sonst wird man ein Teil von ihnen. Man muss Vertrauen haben und den Ausweg finden, der einen weiterführt.« Und ich spürte, wie der Fluss die Schleuse suchte und über sie den Staudamm verließ.

Einmal traf ich den Fluss noch. Da war er ein mächtiger Strom geworden, war durch viele Länder geflossen und hatte viele Schiffe getragen. Das war dort, wo er ins Meer hineinströmte. Ich schaute ihm zu.

»Erinnerst du dich an mich?«, fragte ich ihn. »Aber natürlich«, sagte der Fluss. »Du bist mir auf meinem ganzen Weg gefolgt und wolltest mir das Leben schwer machen.« »Entschuldige«, sagte ich etwas betreten. »Das wollte ich nicht.« Doch da lachte der mächtige Strom. »Du fängst schon wieder an. Du legst dir immer Steine auf deinen Lebensweg. Dabei brauchst du nur eines: zu fließen. Und dann stell dich den Aufgaben, die dir auf deinem Weg begegnen. Und damit du es nicht vergisst, will ich es dir noch einmal sagen: Du musst Vertrauen haben!« Und damit strömte die frühere Quelle als mächtiger Strom hinein ins Meer.

Der verborgene Glanz

Er saß in seinem Rollstuhl neben der Bank im Park. Von dort aus blickte er auf die große Wiese mit den spielenden Kindern. Er sah die Bäume, die sich ein grünes Kleid übergezogen hatten und hörte das lustige Rufen der Vögel. Am liebsten wäre er den Schmetterlingen nachgelaufen, die von Blume zu Blume flogen und ihre farbenprächtigen Flügel ausbreiteten. Doch das konnte er nicht. Er war zehn Jahre alt, und ein Auto hatte ihn im vergangenen Winter angefahren. Die Straße war rutschig gewesen, und das Auto hatte nicht mehr bremsen können.

»Wo wart ihr geblieben?«, sagte er leise vor sich hin, als er die Bäume und die Vögel und die Schmetterlinge sah. »Wo wart ihr geblieben, als ich im Krankenhaus lag, und draußen war es so dunkel und so kalt?«

Da schien es ihm, als könnte er ihre Stimmen hören.

»Unsere Blätter waren da«, sagten die Bäume zu ihm. »Du hast sie nur nicht gesehen. Sie schliefen in den Knospen und warteten auf die Sonne.«

»Wir sind nicht alle fortgeflogen«, zwitscherten die Vögel. »Einige sind hier geblieben und haben dir am Fenster vorgesungen. Aber du warst zu traurig, um unsere Lieder zu hören.«

Ein Schmetterling setzte sich auf seine Hand. »In unseren Flügeln spiegeln sich die Flügel der Engel wider«, sagte der Schmetterling. »Aber du hast die Engel nicht gesehen, weil du zu oft geweint hast.«

»Der Winter«, seufzte der Junge. »Wenn der Winter wieder kommt mit seiner Dunkelheit und Kälte, dann will ich nicht mehr leben. Denn ich werde nicht mehr Schlitten fahren können, und ich muss in meinem Zimmer bleiben.«

Doch da wurden alle ganz aufgeregt.

»So etwas darfst du nicht sagen«, riefen die Bäume und schüttelten ihre Blätter. »Im Winter besuchen dich unsere Brüder, die Tannenbäume, und bringen dir unsere Grüße mit.« »So etwas darfst du nicht sagen«, tschilpten die Spatzen und die Meisen. »Im Winter kommen wir an dein Fenster und werden dir jeden Tag etwas vorsingen.« Und der Schmetterling sagte: »Im Winter werden die Engel dich besuchen und dir von jener anderen Liebe erzählen, von der auch wir leben.«

»Auch ihr?«, fragte der Junge. »Ja«, sagte der Schmetterling, »auch wir.« Und die Bäume fügten hinzu: »Im Sommer strecken wir unsere Zweige in den Himmel hinauf. Wir öffnen uns, um die Sonnenstrahlen einzufangen. Aber im Winter spüren wir, wovon wir getragen werden. Im Winter öffnen wir unsere Seelen, um uns den verborgenen Glanz des Lebens schenken zu lassen. Du wirst sehn, du bist nie allein.«

»Wir kommen dich besuchen«, riefen die Spatzen und die Meisen. »Wir kommen dich besuchen, ganz bestimmt!« Da atmete der Junge tief durch und zum ersten Mal seit Langem lächelte er wieder. »Dann ist es gut«, sagte er, »dann ist es gut.«

Treue

Der junge Bauer stand auf der Brücke, die über einen kleinen Fluss führte. Um ihn herum lag das weite Land mit den Wiesen und Feldern, und über ihm wölbte sich der blaue Himmel. Der Wind wehte leise im Schilf, und auf dem Wasser schwammen ein paar Enten.

Er schaute hinüber zu seinem Hof. Er lag auf einer kleinen Anhöhe, denn in früheren Zeiten kam es immer wieder vor, dass das Wasser des Meeres alles überschwemmte. Doch nun waren Schleusen gebaut, und er brauchte keine Sorge mehr zu haben. Er konnte in Ruhe seiner Arbeit nachgehen: die Felder bestellen, die Kühe zum Melken holen und die Gebäude und Maschinen in Ordnung halten. Es war eine gute Arbeit, die ihn mit Freude erfüllte.

Als er die Brücke verlassen wollte, um zum Hof zurückzugehen, hörte er Stimmen. Zuerst glaubte er, dass es nur ein Rascheln im Schilf wäre, aber er hatte sich nicht getäuscht: Es waren tatsächlich Stimmen. Leise zwar, aber deutlich. Er blickte um sich. Niemand war zu sehen. Da ging er zum Schilf hinunter, um nachzuschauen. Vielleicht waren es spielende Kinder, die er bisher nur nicht entdeckt hatte. Doch es waren keine spielenden Kinder. Es waren nur Stimmen, die Stimmen der Elemente.

»Ich bin es leid«, sagte der Regen, »das Wasser vom Meer auf die Felder und Wiesen zu tragen. Treu tue ich meine Arbeit, doch die Menschen glauben, sie könnten mit mir machen, was sie wollen. Sie versiegeln den Boden und begradigen die Flüsse. Und das Wasser, das ich bringe, hat nicht mehr den Platz, den es braucht. Ich will aufhören, Wasser zu bringen.«

»Ich bin es leid«, sagte die Sonne, »jeden Tag meine Strahlen neu zu schicken, damit das Leben geweckt wird. Treu führe ich meine Arbeit aus. Die Vögel brauchen mich und die Pflanzen brauchen mich, doch die Menschen glauben, ich wäre nur zu ihrem Vergnügen da, damit sie baden könnten und im Freien picknicken. Ich will aufhören, Wärme und Licht zu bringen.«

»Ich bin es leid«, sagte die Erde. »In Treue trage ich alles. Mensch und Tier, Baum und Blume. Ich lasse alles wachsen und gebe jedem Halt. Doch die Menschen gehen mit mir um, als wäre ich nichts Besonderes. Ich will meine Stabilität aufgeben.«

»Ich bin es leid«, sagte der Wind. »Ich treibe die Wolken und die Windräder. Treu bringe ich frische Luft zum Atmen. Doch die Menschen machen mich krank mit ihren Abgasen. Ich will aufhören zu wehen.«

Der junge Bauer saß neben der Brücke, am Schilf, und hörte den Stimmen zu. Er wusste, dass sie recht hatten. Es war eine Gier über die Menschen gekommen und eine Respektlosigkeit vor den Rhythmen der Natur, die ihn verwunderte. In früheren Zeiten hätte man von Gottlosigkeit gesprochen, aber selbst Gott hatte man aus dem Leben gestrichen.

Ruhig stand er auf. Er hatte keine Angst. Er hatte immer mit den Elementen gelebt und wusste, ihm würden sie nichts tun. Doch als er zu seinem Hof sah und dort vor dem Scheunentor seine Frau mit dem neugeborenen Sohn im Arm erblickte, wandte er sich den Stimmen zu.

»Ihr seid mächtiger als ich«, sagte er. »Aber ich bitte euch, an mein Kind zu denken. Wir werden unseren Sohn so erziehen, dass er in Achtung und Treue seiner Arbeit nachgehen wird. Helft ihm dabei. Einmal, so hoffe ich, wird das Herz der Menschen geheilt sein, und dann werden Gier und Respektlosigkeit aufhören. Ich bitte euch, bleibt uns auch weiterhin treu.«

Und es schien ihm, als würden die Stimmen zum Hof hinüberblicken und dort auf seinen neugeborenen Sohn schauen.

Die Stimme

Als er aufwachte, hatte er seine Stimme verloren. Er konnte nur noch leise reden. Die Kraft, die Stärke, die Ausdruckskraft seiner Stimme waren verschwunden. Gestern noch hatte er auf der Bühne gestanden, und die Zuschauer hatten ihn begeistert umjubelt. Doch nachts im Traum war ihm eine Frau in einem blauen Seidenkleid begegnet und hatte ihm die Stimme weggenommen. Wie eine Perle hatte sie ihm seine Stimme genommen und diese Perle ihrer Halskette zugefügt.

Nichts half. Kein Gurgeln, keine Stimmübungen, kein Arztbesuch. Er musste sich krankschreiben lassen. Die Zeitungen berichteten verwundert über diesen Vorfall, und die Menschen in der Stadt drehten sich nach ihm um. Doch seine Stimme kam nicht wieder. Schließlich hielt er die Situation nicht mehr aus, fuhr hinaus aufs Land und quartierte sich in einem kleinen Gasthof ein.

Neben dem Gasthof stand eine Tausend Jahre alte Linde, die von einer Bank umgeben war. Oft saß er nun dort und sah dem Treiben im Dorf zu. Er sah, wie die Schulkinder vom Bus kamen, wie die Traktoren zum Feld hinausfuhren, er sah, wie am Abend die Gehsteige gefegt wurden und wie in den Gärten die Johannisbeeren geerntet wurden. Und er saß auf der Bank unter der Tausend Jahre alten Linde und versuchte sich vorzustellen, was sie alles in dieser so langen Zeit gesehen haben mochte.

Der kleine Gasthof hatte eine Backstube, in der einmal in der Woche Brot gebacken wurde: große runde Laibe Landbrot mit einer kräftigen Rinde. Er konnte zuschauen, wie das Brot entstand, und er durfte es kosten, wenn es – noch warm und duftend – aus dem Backofen herausgeholt wurde. Wie immer ließ er sich zum Brot etwas Käse bringen und bat um eine Karaffe Wein. Dann ging er mit allem zu seinem Platz an der alten Linde.

Diesmal saß eine Frau auf der Bank. Sie trug ein seidenes blaues Kleid und hatte eine Perlenkette um ihren Hals. Er schaute sie überrascht an. Sie lächelte nur und nahm von dem Brot, das er ihr reichte. Auch erlaubte sie ihm, ein zweites Weinglas zu holen, und dann trank sie auf sein Wohl. Er schwieg, denn sie erinnerte ihn an die Frau in seinem Traum.

»Ich habe dir deine Stimme genommen«, sagte sie und schaute ihn ruhig an.

»Du hast mich damit aus meiner Laufbahn geworfen«, antwortete er. »Und ich weiß im Augenblick nicht, wie es weitergehen soll.«

»Das stimmt«, sagte sie. »Ich habe dich aus deiner Laufbahn geworfen, weil du eitel geworden bist. Du hast geglaubt, deine Stimme wäre dein Besitz und hast dich hochleben lassen. Aber deine Stimme gehört dir nicht.«

»Wem gehört sie dann?« fragte er.

Sie schaute ihn mit ruhigen Augen an. »Sie gehört den Menschen. Deine Stimme soll den Menschen Glück schenken. Dafür hast du sie bekommen.«

»Und nun?«, fragte er. »Wie soll es weitergehen?«

Sie lächelte: »Ich will dir eine zweite Chance geben.« Sie nahm ihre Perlenkette ab und löste eine Perle heraus. Sie ließ sie in sein Weinglas gleiten und goss ein wenig Wein aus der Karaffe nach. »Zum Wohl!«, sagte sie. »Zum Wohle aller.« Dann stand sie auf und ging.

Nach einer Woche fuhr er in die Stadt zurück und nahm wieder seinen gewohnten Platz auf der Bühne ein. Seine Stimme war zurückgekehrt. Sie war wie früher und doch anders: voller, gefüllt nicht nur mit Melodien, sondern auch mit der Freude und dem Schmerz der Menschen.

Und als er einmal in den Zuschauerreihen ein kleines Mädchen erblickte, mit einer Wollmütze bekleidet, die gerne mehr sehen wollte, aber nicht mehr sehen konnte, weil sie zu klein war, da unterbrach er sein Lied und ging zu ihr hin. Der Dirigent schaute erstaunt auf, die Orchestermitglieder wussten nicht, was sie davon halten sollten, und die Zuschauer schwiegen verwirrt.

Doch er nahm das kleine Mädchen bei der Hand und setzte sie in die untere Loge, damit sie alles aus der Nähe sehen konnte. »Ich habe Krebs«, sagte das kleine Mädchen, »deswegen trage ich die Mütze.« »Ich weiß«, sagte er, » deswegen will ich heute für dich singen.« Und seine Stimme nahm das Leiden des kleinen Mädchens in sich auf und öffnete dessen Herz für das Glück des Lebens.

Die Sturmmöwe

Hoch oben in den Lüften ließ sie sich tragen von der Kraft des Windes. Ihre Flügel bewegten sich kaum, ihre Augen schauten ruhig hinunter auf die Weite des Meeres. Sie sah die Fischkutter unten auf dem Wasser, die in ihre Häfen zurückkehrten. Wie farbige Tupfen machten sie sich aus auf der unendlichen Bläue. Sie sah das Passagierschiff in der Ferne, das die Menschen von einem Land zum anderen brachte. Und als sie sich leicht drehte sah sie den Leuchtturm auf den Klippen und das Land, das flach und eben sich dahinter ausstreckte und Mensch und Tier Heimat bot.

Hier oben war alles ruhig und gleichmäßig. Hier oben war alles überschaubar und vorhersehbar. Die Sonne, deren Strahlen über die Wellen ein Glitzernetz warfen, der Mond, der sich ruhig und gelassen in den Wellen widerspiegelte. Der Sturm, wenn er in seinen dunklen Wolken dahergeeilt kam. Hier oben war alles ruhig und gleichmäßig.

Die Sturmmöwe liebte diese Stunden. Stundenlang konnte sie sich dahinwiegen lassen von den sanften Luftströmungen. Sie liebte diese Weite und die damit verbundene Freiheit. Oft hatte sie in dieser Höhe über die Menschen nachgedacht, über ihre Geschäftigkeit und Hektik, über ihre Eile, über ihr ständiges Unterwegssein, so als hätten sie etwas verloren und würden danach suchen, ohne es zu finden.

Die Sturmmöwe brauchte das nicht. Denn es war alles da. Ruhig schwebte sie dahin. Ja, es war alles da. Das ganze Leben war da mit Sonne und Mond, mit Sturm und Stille und vor allem mit Weite. Die Fische waren da und die Felsen, die Wiesen waren da und die Schafe, die Felder waren da und die Bauernhöfe. Es war alles da, und es brauchte nicht mehr.

Vielleicht, so dachte sie, hatten die Menschen ihr Herz verloren. Und suchten es, als ob sie einen Bernstein am Strand suchen würden. Doch wie kann man sein Herz verlieren?

Die Sturmmöwe stieg höher. Die Fischkutter waren kaum noch zu sehen, und der Leuchtturm war nur noch ein Punkt am Horizont. Wie kann man sein Herz verlieren?

Man kann es nicht verlieren, dachte die Möwe. Das ist ganz und gar unmöglich. Das Herz ist da, und alles andere ist auch da. Aber vielleicht kann man sein Herz verschließen, wie eine Muschel, die sich nicht öffnen will? Dann kann niemand mehr das Herz anrühren. Dann kann niemand mehr es ansprechen. Dann wird es die Weite nie erfahren. All das, wonach das Herz sich sehnt, bleibt dann ausgesperrt.

Armes Herz! Das Glück liegt vor der Tür, doch es macht nicht auf.

Die Sturmmöwe ließ sich fallen und flog in einem ruhigen Bogen auf den Leuchtturm zu. Warum öffnet sich das Herz nicht?, dachte die Möwe. Warum lässt es die Weite nicht zu? Und die Berührung nicht, und auch nicht, dass es angesprochen wird?

Vielleicht, weil ihm niemand gesagt hat, dass es keine Angst zu haben braucht, wenn es sich öffnet. Denn vor der Tür wartet nicht das Unglück, sondern das Glück.

Die Möwe saß oben auf dem Leuchtturm und dachte darüber nach, wie sie den Menschen ihre Gedanken mitteilen könnte. Als Sturmmöwe, so dachte sie, war ihr Platz oben in den Wolken und nicht bei den Menschen. Doch dann lachte sie auf: Ein Spatz müsste man sein, da könnte sie sich unbeachtet den Menschen nähern und ihnen alles zutschilpen. Aber wie kann eine Sturmmöwe sich in einen Spatz verwandeln? Unmöglich!

Über diesen Gedanken musste der Leuchtturm so lächeln, dass er beschloss, ihn wahr werden zu lassen. Mit aller Kraft leuchtete er die Sturmmöwe an und siehe da, es wurde wahr: Sie verwandelte sich in einen Spatz.

Seitdem hüpft manchmal ein Spatz in unserer Nähe herum und ruft uns keck und frech zu: keine Angst! Das Leben will dir Glück schenken! Keine Angst! Du brauchst dich nur zu öffnen!

Doch leider schauen wir Menschen lieber den Sturmmöwen in den Wolken nach, als auf die Spatzen zu hören, die uns etwas zutschilpen wollen.

Das blaue Leben

Es war noch dunkel, doch der Morgen dämmerte bereits. Die ersten Strahlen der Sonne begannen sich an den Wolken zu spiegeln. Er saß auf einer Bank und schaute ins Tal hinunter. Die ganze Nacht war er gewandert, und der Mond hatte ihm zugeschaut.

Er war am späten Nachmittag aufgebrochen. Er kannte die Wege – wie oft war er sie schon gegangen! Aber diesmal hatte er sich treiben lassen. An manchem Felsen war er stehen geblieben und an manchem Wegkreuz verharrt, dann hatte es ihn weitergezogen. Er war nicht gewandert, um die Landschaft zu erkunden, er war vielmehr gewandert, um mit sich und seinen Gedanken ins Reine zu kommen. Nun saß er auf der Bank und schaute ins Tal hinunter.

Er hatte die Lebensmitte weit überschritten, und er dachte zurück an seine Erfolge und an seine Niederlagen, er dachte an die Menschen, die er kennengelernt hatte und an die, die er verloren hatte. Er dachte an seine Frau und an seine nun erwachsenen Kinder und daran, wie schnell die Jahre vorbeigehen und dass man gar nicht wusste, wie man sie bewerten sollte.

Aber das war es nicht, was ihn antrieb. Es war immer schon eine Unruhe in ihm gewesen, die er nicht verstand. Manchmal, wenn er ein Buch las, dann las er gar nicht weiter, sondern verlor sich in seinen Gedanken. Und manchmal, wenn er nachts nicht schlafen konnte, dann kamen die Erinnerungen und bedrohten ihn.

Eine Zeit lang hatte er geglaubt, er wäre krank, und sich seinem Hausarzt anvertraut. Aber der hatte ihm freundlich ein paar Tabletten verschrieben und gesagt, es wäre in seinem Alter ganz normal, dass er in eine solche Krise käme, er solle sich weiter keine Gedanken darüber machen, es würde sich schon wieder legen.

Aber es hatte sich nicht gelegt.

So war er in der Nacht die Wanderwege gelaufen. Er wollte endlich Klarheit gewinnen über sich selbst, und er wollte endlich wieder festen Boden unter seinen Füßen spüren. Der Mond hatte ihm geleuchtet, und es war ihm, als hätten die Sterne eine funkelnde Decke über ihn geworfen. Er war ruhiger geworden, und als er die Bank sah, hatte er sich daraufgesetzt.

Vor ihm lag das weite Tal. Die Lichter der Dörfer leuchteten zu ihm herauf, und am Horizont sah er den neuen Morgen kommen. Da war es ihm, als würde etwas aus ihm auslaufen. Eine blaue Flüssigkeit, die sich langsam, aber beharrlich von seinen Haaren nach unten absenkte. Er spürte, wie sie sein Gesicht durchlief, seine Arme und seinen Oberkörper und wie sie über die Beine und Füße in den Erdboden sickerte. Er schaute nach unten. Da war keine blaue Pfütze – natürlich nicht! Er lächelte über sich selbst, dennoch nahm er den Vorgang in sich wahr.

War es möglich, dachte er, dass ein altes Leben auslaufen konnte? Wie eine Flüssigkeit, die auf einmal nach unten weglief? Und dass diese Flüssigkeit die alten Verletzungen und die alten Grübeleien einfach mitnahm? Und dass ihm auf einmal ein neues Leben angeboten wurde?

Er saß nachdenklich auf der Bank. Er hatte diesen Vorgang ganz deutlich in sich gespürt, und er wusste, es hing nun an ihm, ob er dieses Angebot annahm oder nicht. Er wusste auch, dass er nicht viel Zeit hatte, sich zu entscheiden. Wenn er das Angebot nicht annahm, würde die blaue Flüssigkeit zurückkehren und ihn wieder ruhelos werden lassen.

Er atmete langsam durch. Dann entschied er sich. Ja, er wollte die Möglichkeit eines neuen Lebens ergreifen. Er musste sich nicht ständig von der blauen Flüssigkeit seines alten Lebens lähmen lassen. Er stand auf und sah in die Weite des Tales. Der Morgen kam, und die Sonne ging auf. Mit ruhigen Schritten kehrte er ins Tal zurück.

Der Raum der Schönheit

Als er das Schmuckgeschäft betrat, trat er ein in eine andere Welt. Er atmete auf. Der Tag war für ihn anstrengend gewesen. Er dachte an seine Klasse mit seinen Schülern. Einige kamen aus Russland und konnten noch nicht richtig deutsch sprechen. Bei anderen waren die Eltern arbeitslos geworden, und ihre Sorgen spiegelten sich in den Schülern wider. Bei fast der Hälfte waren die Eltern geschieden, und die Schüler wussten nicht mehr, wohin sie gehörten. Nein, sie hatten es nicht leicht und die Lehrer auch nicht, denn die Lehrer sollten den Schülern den Unterrichtsstoff beibringen, damit sie später im Leben zurechtkamen. Aber die Schüler waren oft zu sehr mit sich selbst beschäftigt, als dass sie verstanden, dass es um ihre Zukunft ging und dass es ohne Fleiß keinen Preis gab, wie ein altes Sprichwort sagte.

An solchen Tagen ging er in das Schmuckgeschäft. Er öffnete die blaue Tür mit den weißen Querbalken und betrat eine andere Welt. Dieses Schmuckgeschäft war für ihn immer ein besonderer Raum. Aquarelle mit hingetupften Bildern aus Griechenland hingen an der Wand, große Tonvasen aus Italien vertieften die südländische Atmosphäre, und dazwischen boten die Vitrinen ihre Schmuckstücke an: glänzende Ringe aus Stahl und getönte Ringe aus Kupfer, bunten Modeschmuck aus Plastik und Ketten aus schwarzen Perlen. Und dann all der Schmuck aus Silber und Gold und Edelsteinen.

In diesem Raum staunte er immer. Er staunte darüber, wie aus den verschiedensten Materialien so schöne Dinge entstehen konnten. Und alle schienen zu sagen: Es gibt im Leben mehr als Streit und Ärger, mehr als Hässlichkeit und Schmutz. Es gibt im Leben auch Klarheit und Reinheit, auch Glanz und Vollendung. Es gibt im Leben auch Schönheit.

Die Verkäuferin kam mit einer Tasse Cappuccino auf ihn zu. Sie lächelte ihn an, denn sie wusste, weshalb er kam. Nicht, um etwas zu kaufen, sondern um aufzuatmen. Und da tat eine Tasse Cappuccino gut.

»Warum gibt es diese Schönheit nicht überall?«, fragte er. »Warum gibt es sie nicht auch in den mitmenschlichen Beziehungen? Warum machen wir uns selbst das Leben so schwer?«

»Menschen sind anders«, antwortete die Verkäuferin. »Gold kann man schmelzen, und Perlen kann man züchten. Aber damit die Schönheit sich im Menschen entfalten kann, braucht sie eine Voraussetzung.«

Er schaute sie nachdenklich an und nippte an seinem Cappuccino. Sie lächelte und zugleich schien sich hinter ihrem Lächeln Schmerz zu verbergen.

»Damit die Schönheit sich im Menschen entfalten kann, muss er das Staunen bewahren und die Ehrfurcht«, sagte sie. »Wenn er das tut, dann beginnt er mit den Augen der Liebe zu schauen. Und in der Liebe werden die Menschen schön.«

Der Fluss

Ein Mädchen spielte am Ufer des breiten Flusses. Gemächlich und ohne Eile strömte er dahin. Er trug die Lastkähne und die Ruderboote, und hier und da trieb ein Ast auf ihm. Enten schwammen am Rande des Flusses, und einige Erwachsene ließen ihre Beine in das Wasser hineinbaumeln, denn es war heiß.

Das Mädchen spielte am Ufer. Manchmal schaute es über die Wasseroberfläche, die glitzernd dahinzog, manchmal warf es ein paar Steine hinein und erfreute sich an den Kreisen, die die Steine hervorriefen. Doch mit der Zeit schien das Mädchen müde zu werden. Es setzte sich mit dem Rücken an einen Baum und hörte dem Plätschern des Flusses zu.

Da begann der Fluss zu reden. Er war glücklich, jemanden gefunden zu haben, der bereit war ihm zuzuhören. »Ich komme von den Bergen«, begann der Fluss. »Dort, in den Bergen, da war ich ein frischer sprudelnder Bergquell. Ich war klar und kalt und hüpfte von Stein zu Stein. Die Rehe kamen und tranken von mir, die Bäume senkten ihre Wurzeln in mich hinein, und ich verschenkte mich, toste an allem vorbei, voller Lebenslust und Lebensfreude.

Dann verließ ich den Wald und stürzte mich hinein in die Bergwiesen, sprang die Wasserfälle hinunter und nahm andere Quellen in mich auf. Mit der Zeit wurde ich stärker, und ich merkte, wie die Menschen meine Kraft zu nutzen begannen. Ich setzte Mühlräder in Bewegung und trug Boote. Doch ich merkte auch, wie die Menschen Angst vor mir hatten, wenn ich zur Zeit der Schneeschmelze in ihre Dörfer stürzte. Sie zwängten mich in enge Betonwände, ehe sie mich wieder freiließen. Ich überstand es und nahm weiter zu an Größe und an Tiefe.

Jetzt bin ich langsamer geworden. Ein weiter Weg liegt noch vor mir, ein Weg, auf dem ich immer mehr arbeiten und immer mehr Abwässer der Fabriken in mich aufnehmen werde, doch dann werde ich dem Meer begegnen.«

»Bist du nicht traurig?«, fragte das Mädchen. »Du kannst nicht mehr so lustig springen wie früher. Du bist langsamer geworden und alles fällt dir schwerer. Bist du nicht traurig darüber?« Und das Mädchen hörte dem Fluss zu, wie er gemächlich an ihr vorbeiströmte.

»Nein«, antwortete der Fluss. »Nein, ich bin nicht traurig darüber. Es ist schön, als Bach über die Steine zu springen. Doch wenn ich ein Bach geblieben wäre, hätte ich keine Mühlen angetrieben. Es ist schön, als Fluss Lastkähne zu tragen und die Mühen des Lebens auf sich zu nehmen. Doch wenn ich ein Fluss bleiben würde, dann würde ich nie das Meer erreichen. Es liegt noch etwas vor mir. Wenn ich das Meer erreicht habe, dann gehöre ich zu der großen Gemeinschaft, aus der alles Leben entspringt. Und ich weiß, dass ich meinen Teil dazu beigetragen habe.«

»Ja«, sagte das Mädchen. »Ich glaube, ich bin erst der Bach. Aber es muss schön sein, dem Meer zu begegnen.«

Der Stammtisch

Mein Freund geht jeden Freitagabend zum Stammtisch. Er freut sich schon die ganze Woche darauf, denn dort trifft er seinen Freundeskreis, trinkt ein paar Gläser Bier und manchmal isst er auch eine Kleinigkeit. Eigentlich geschieht an dem Stammtisch nicht viel, aber er kann den Frust der Woche loswerden und einfach da sein.

Eines Tages ist es wieder soweit: Es ist Freitagabend. Mein Freund geht zu seiner Kneipe, und es bleibt ihm fast das Herz stehen: Sein Platz am Stammtisch ist besetzt. Ein Mann, den er nicht kennt, sitzt mit den anderen zusammen und hat ihm seinen Platz weggenommen.

Mein Freund weiß im Augenblick nicht, was er machen soll. Sein Ablauf des Freitagabends ist durcheinandergekommen. Da sieht er einen anderen, noch freien Tisch und setzt sich dorthin. Er übersieht, dass sein Freundeskreis ihm zuwinkt, er möge doch kommen, sie würden schon zusammenrücken. Er ist einfach enttäuscht.

Jetzt sitzt er allein am leeren Tisch und starrt in sein Bierglas. Was ist nur aus seinem Stammtisch geworden? Nehmen sie ihm einfach seinen Platz weg. Vielleicht wollen sie ihn ja auch nicht mehr? Vielleicht haben sie hinter seinem Rücken geredet und ihn nun einfach ausgebootet? Er weiß es nicht, er weiß nur, dass der Freitagabend verdorben ist.

Ja, ja, denkt er, so ist die Welt. Undank ist der Welt Lohn. Schaut nur zu mir herüber und schüttelt eure Köpfe. Ihr habt es euch selbst zuzuschreiben, dass ich nicht mehr bei euch sitze. Wenn ihr mich ausschließt, gut, dann werde ich mir eben eine andere Kneipe suchen.

Und so sitzt er an seinem leeren Tisch und grübelt vor sich hin.

Auf einmal schaut mein Freund auf. Alle von seinem Stammtisch stehen auf, auch der neue Mann, ergreifen ihr Bierglas und kommen zu ihm herüber. Sie setzen sich zu ihm, und da die Stühle nicht reichen, holen sie noch ein paar.

»Sind wir wieder gut?«, fragen sie und lächeln und heben ihr Glas, um mit ihm anzustoßen. Er weiß nicht, was er sagen soll. »Das ist mein Bruder«, sagt einer seiner Stammtischfreunde und deutet auf den neuen Mann, »und ich habe ihn heute mitgenommen. Er sollte unseren Stammtisch kennenlernen. Morgen fährt er wieder zurück nach Hause.«

Glaubt mir, mein Freund ist richtig verlegen geworden. Er würde jetzt am liebsten im Erdboden versinken, doch er greift schnell zum Glas und stößt mit allen an. »Ich«, sagt er, »ich wusste nicht so recht, ob noch Platz am Stammtisch für mich ist.« Die anderen lächeln nur.

»Ein Stammtisch hat doch nichts mit einem Platz zu tun«, sagt einer. »Die Kneipe und der Tisch sind doch nur der Ort, wo sich Freunde treffen. Wir Freunde sind der Stammtisch, und du gehörst dazu.«

Ich glaube, damals ist meinem Freund etwas aufgegangen. Denn als er mir diese Geschichte erzählt hat, da hat er an dieser Stelle richtig tief durchgeatmet. Und gelächelt. »Wie kann man nur so eitel sein«, hat er gesagt, »und sich das Leben selbst so schwer machen. Ich hätte doch nur hingehen brauchen, meine Freunde wären ein wenig zusammengerückt, und dann wäre alles in Ordnung gewesen. Aber so habe ich mir selbst einen Stein in den Weg gelegt. Und wenn meine Freunde nicht gewesen wären und sich zu mir gesetzt hätten, hätte ich vielleicht sogar meinen Stammtisch verloren.« Und dann hat er noch etwas hinzugefügt: »Man darf den Humor über sich selbst nicht verlieren, nein, den darf man nicht verlieren.«

Und, ihr glaubt es nicht: als er mir diese Geschichte erzählte, war es Freitagabend, und mein Freund lud mich zu seinem Stammtisch ein. Es war tatsächlich noch ein Platz für mich frei, und es wurde ein lustiger Abend.

Das Einkleidegeschäft

Gleich am Rhein, einige Kilometer hinter der großen Brücke, liegt eine mittelalterliche Stadt. In dieser verwinkelten Stadt mit ihren vielen alten Häusern, Türmen und Toren habe ich einen Freund, einen Geschäftsmann. Er kleidet die Leute ein, die zu ihm kommen. Er hat für jeden alles vorrätig: Schuhe und Socken, Anzüge, Kleider, Hüte und Mützen – einfach alles. Sein Geschäft liegt ein wenig verborgen. Doch man macht einfach die Tür auf und betritt den Laden, und dann beginnt es. Und das Schöne ist: Alles ist kostenlos. Doch ich will von dem jungen Mann berichten, wie es mir mein Freund erzählt hat.

Also, der junge Mann betritt das Geschäft meines Freundes und ist völlig aufgeregt. »So kann das nicht weitergehen«, ruft er und erzählt, wie eine große Weltfirma wieder einmal Zehntausend Mitarbeiter entlassen hat. Er fragt nach einer Lederjacke und nach einem Bauarbeiterhelm, denn er will auf die Straße gehen und demonstrieren. Als er am Abend zurückkehrt, trieft seine Jacke vor Wasser, und sein Helm hat mehrere Dellen. Der junge Mann schüttelt den Kopf: »Das ist der falsche Weg. Gewalt ist der falsche Weg. Steinewerfen und Polizeiknüppel führen nicht weiter. Ich will die Welt von innen verändern und auf diese Weise wirklich etwas für die Menschen tun. Ich will Manager werden.«

Mein Freund kleidet ihn ein, reicht ihm neben vielem auch einen Nadelstreifenanzug und eine Seidenkrawatte und wünscht ihm Erfolg. Nachdenklich schaut er ihm nach und hört lange nichts mehr von ihm. Die Jahre vergehen, doch eines Abends ist der junge Mann wieder da. Er ist reifer geworden. Sein Körperbau ist athletisch, sein Gang schnell, seine Redeweise klar und kommt sogleich auf den Punkt, so als würde er sich scheuen, zu viele Worte zu machen. Er gibt alles zurück, auch seinen Nadelstreifenanzug und seine seidene Krawatte. Und er schweigt.

Mein Freund reicht ihm einen Morgenmantel. Dann holt er eine Weinflasche und zwei Gläser und fragt ihn nach seinen Erfahrungen. Der junge Mann schaut ihn ruhig an und sagt: »Mit Gewalt kann man die Welt nicht verändern. Der Konzern, für den ich als Manager gearbeitet habe, wurde auch durch meine Maßnahmen zu einem Weltkonzern. Sein Umsatz ging in die Milliarden, und Regierungen hingen von ihm ab. Aber es ging ihm nicht um das Wohl der Menschen, es ging ihm nur um Gewinn. Das ist nicht das, was ich will.«

Da gibt ihm mein Freund seine alte Kleidung zurück. »Wir alle können die Welt nicht einfach verändern. Empörung allein reicht nicht aus.«, sagt er. »Aber wir können an uns selbst arbeiten. Denn ein jeder von uns ist eine besondere Gabe für seine Mitmenschen. Und nur diese Gabe können wir wirklich weitergeben.« »Allerdings«, fügt mein Freund hinzu, » diese Gabe muss oft erst heranreifen.«

Da schaut der junge Mann auf seine alte Kleidung. »Das stimmt«, sagt er, und er gibt ihm die Kleidung zurück. »Meine alte Kleidung hat nicht zu mir gepasst und die, die ich für mich selbst ausgesucht habe, die hat auch nicht zu mir gepasst. Nun will ich mir Zeit lassen. Wenn du es erlaubst, möchte ich in deinem Geschäft mitarbeiten. Dann werde ich schon die richtige Kleidung finden.«

»Und?«, fragte ich damals meinen Freund, nachdem ich seine Geschichte gehört hatte. »Hat er sie auch gefunden?« »Ja«, nickte mein Freund. »Er hat fünf Jahre lang in meinem Geschäft mitgearbeitet. Er war fleißig und hat viel gesehen und gehört. Als er nach fünf Jahren ging, war er mit sich im Reinen. Und erst, wenn man mit sich im Reinen ist, darf man die Welt verändern.«

Der Engel des Weges

»Erinnerst du dich?«, fragte er den älteren Mann, der ihm gegenüber saß. »Erinnerst du dich, als du noch klein warst? Du spieltest in einem Sandkasten und wolltest nicht nach Hause.«

Sie saßen in dem kleinen Café im Park und blickten über den Teich mit den ruhig dahinschwimmenden Schwänen. Sie hatten sich Kaffee bestellt mit Apfelkuchen.

»Ja, ich erinnere mich. Ich wollte weiterspielen. Meine Mutter rief mich, ich sollte doch endlich nach Hause kommen, aber ich wollte nicht. Da habe ich dich zum ersten Mal gesehen. Du warst nicht viel älter als ich. Du setztest dich zu mir in den Sandkasten und hast mich angeschaut. Wenn man gerufen wird, muss man gehen, hast du gesagt. Und so hast du mich dazu gebracht, den Sandkasten zu verlassen.«

»Später warst du verliebt«, sagte sein Gegenüber. »Es war für dich eine glückliche Zeit. Sie hätte für dich immer so bleiben können. Doch die Beziehung kühlte ab, und du wolltest es nicht wahrhaben. Du wolltest diese glückliche Zeit nicht verlieren. Da haben wir uns wieder gesehen. Wir saßen hier im Park auf der Wiese mit einer Flasche Bier in der Hand, und du schüttetest mir dein Herz aus. Du musst gehen, habe ich damals zu dir gesagt, wenn eine Beziehung zu Ende ist, muss man gehen. Aber geh in Frieden und bewahre deine Erinnerungen des Glücks. Und dann konntest du loslassen.«

Sie schwiegen beide und schauten über den Teich. Gleichmäßig zogen die Schwäne ihre Kreise. Einige Enten versuchten die Brotstücke zu ergattern, die ihnen Kinder zuwarfen. Das Wasser glitzerte von den Sonnenstrahlen.

»Dieses Loslassen, dieses immer wieder Aufbrechen, das ganze Leben lang«, die Stimme des älteren Mannes klang nachdenklich. »Manchmal hat es mir Freude gemacht. Wenn ich umgezogen bin in eine andere Stadt, wenn eine neue berufliche Herausforderung auf mich wartete, dann war es für mich wie ein frischer Wind, und ich stürzte mich tatkräftig in dieses Neue hinein. Die Familie, die Kinder, auch die Freizeitaktivitäten – es war immer etwas los. Und doch...« Sein Gegenüber schaute ihn aufmerksam an. »Und doch wünschte ich mir schon damals manchmal Ruhe. Einen Ort, wo ich bleiben konnte, wo die Dinge klar und einfach und überschaubar waren. Aber immer ging es weiter, und wenn ich stehen bleiben wollte, dann bist du gekommen.«

Er schaute sein Gegenüber an. »Wer bist du?«, fragte er. »Ich bin der Engel des Weges«, antwortete sein Gegenüber. »Ich achte darauf, dass du nicht stehen bleibst. Denn zur Ruhe wirst du erst kommen, wenn du das irdische Tor durchschritten hast. Dann ist dein Reifeprozess zu Ende.« Er schwieg, und gemeinsam schauten sie zum Teich hinüber mit seinen Schwänen und Enten, mit den Kindern und den Sonnenstrahlen, und sie spürten die unaufhörliche Bewegung, die allem Leben innewohnt.

Am Teich

Hinten, in einem verborgenen Teil seines Gartens, hatte er einen kleinen Teich angelegt. Eine Linde wuchs dort und spendete ihm ihren Schatten, und eine von ihm künstlich geschaffene Quelle sprudelte fröhlich zum Teich hin. Dort saß er am liebsten. Er zündete sich dann seine Pfeife an und schaute den Goldfischen zu, die sich im Teich tummelten. Er brauchte dort weder Fernsehen noch Radio. Es genügte ihm zu schauen und sich von der Ruhe tragen zu lassen, die sich jedem eröffnet, der sie zulässt.

Eines Abends saß er wieder einmal an seinem Lieblingsort und schaute dem Rauch seiner Pfeife nach. Der Tag war lang gewesen, und die vielen Anforderungen in seinem Beruf hatten Kraft gefordert. Zudem hatten sie in dieser Woche einen guten Freund beerdigt, der so jung an Krebs gestorben war. Er dachte an dessen Frau und an ihre Kinder. Selbstverständlich würden sie ihnen zur Seite stehen. Er hustete etwas und räusperte sich.

»Vielleicht solltest du mit dem Rauchen aufhören«, sagte eine Stimme neben ihm. Er schaute erstaunt um sich, doch er sah niemanden. »Ein bisschen Freude wirst du mir schon gönnen«, antwortete er vor sich hin. »Klar«, sagte die Stimme neben ihm. »Wir leben alle von unseren kleinen Schwächen. Nimms mir nicht übel!« Jetzt war er wirklich verblüfft und nahm die Pfeife aus dem Mund. Einer der Goldfische im Teich hatte sich aus dem Schwarm gelöst und schaute ihn an.

»Du siehst nicht gut aus«, sagte der Goldfisch. »Dich scheint etwas zu bedrücken.« »Das stimmt«, nickte der Mann, und obwohl er noch nie in seinem Leben mit einem Goldfisch gesprochen hatte, begann er ihm seine Sorgen zu erzählen. Der Goldfisch bewegte sich nicht, er hörte ihm aufmerksam zu, das konnte man an den Bewegungen seiner Flossen erkennen. Und nachdem der Mann aufgehört hatte zu erzählen, sagte er nur: »Warte einen Augenblick, ich muss nachdenken.« Und verschwand in der Tiefe des Teiches.

Seltsame Dinge gibt es, dachte der Mann und zog an seiner Pfeife: Ich werde wohl langsam alt und beginne schon Dinge zu hören, die es gar nicht gibt.

Doch da tauchte der Goldfisch wieder auf. »Du brauchst eine innere Kraft«, sagte er. »Schau mich an. Ich schwimme im Teich, und das Gewicht des Wassers könnte mich erdrücken. Es ist viel schwerer als ich. Aber ich halte es aus, weil ich eine innere Kraft habe, die dagegenhält. So etwas brauchst du auch.«

»Was sollte das sein?«, fragte der Mann. »Eine innere Kraft, die dagegenhält, gegen all die Anforderungen und Sorgen, die mich manchmal zu erdrücken drohen. Was sollte das sein?«

»Lass es dir schenken!«, rief der Goldfisch. »Lass es dir einfach schenken! Es ist die Kraft des Vertrauens.« Und dann tauchte er ab in die Tiefe des Teiches.

Das Büfett

Er war zum ersten Mal an Bord einer Fähre. Nicht auf einer kleinen Fähre, die einen schnell von einem Ufer zum anderen bringt, sondern auf einer der großen, auf denen über tausend Passagiere untergebracht werden konnten, neben all den Autos und Lastwagen und Omnibussen.

Es war neu und aufregend für ihn. Sie wurden am Anfang mit einem kleinen Schnaps begrüßt und mussten sich dann zurechtfinden auf den vielen Decks mit den vielen Möglichkeiten. Die Kajüte war eng, aber ausreichend, und es war alles da, was man brauchte.

Nachdem er sein Handgepäck verstaut hatte, ging er aufs Außendeck und schaute zu, wie die Fähre ablegte. Über 13 Stunden würden sie nun unterwegs sein, hineinfahren in die Nacht, und am nächsten Morgen, nach dem Frühstück, würden sie ankommen.

Am Abend gab es ein Büfett. Er staunte darüber. Was es nicht alles gab! Mit seinem leeren Teller ging er erst einmal umher und schaute sich all die Köstlichkeiten an: Heringshäppchen verschiedenster Art, Lachs, Aufschnitt, gekochten und geräucherten Schinken, gebratenen Speck, Hühnchenschenkel, weiche und feste Käsesorten, Joghurt, Fruchtsalat, Obst, verschiedene Brotsorten, Knäckebrot, er konnte sich gar nicht alles merken. Und Nachtisch natürlich.

Er nahm sich ein wenig vom Fisch und vom Käse auf seinen Teller, denn er wollte eine bestimmte Reihenfolge einhalten, und setzt sich an seinen Tisch. Immer noch war er aus dem Staunen nicht herausgekommen.

Am Nachbartisch saß ein Mann, der einen voll beladenen Teller vor sich hingestellt hatte und mit schnellen Bewegungen das Essen in sich hineinschlang. Er war schon mehrmals aufgestanden und hatte sein Glas mit Bier gefüllt, das ebenfalls im Preis des Menüs mit enthalten war und von dem man soviel trinken konnte, wie man wollte.

Er hatte keinen Blick für seine Umgebung. Er schaute auch nicht durch die Fenster hinaus aufs Meer, wo die Sonne gerade unterging und ihre Strahlen über die Wellen warf. Er hatte nur Blick für seinen Teller und murmelte etwas vor sich hin. Er war offensichtlich verärgert darüber, dass er von dem großen Angebot des Büfetts nicht mehr essen konnte. Schließlich stand er auf und ging. Sein Teller war noch halb voll.

Nachdenklich sah ihm sein Nachbar nach, ehe er sich erhob und zum zweiten Gang schritt: Geräucherter Fisch stand jetzt auf seiner Speisekarte. Er freute sich schon darauf und auch auf die Garnelen, die er bereits gesehen hatte.

Als er später an der Reling stand und auf die Weite des Meeres schaute, war die Sonne bereits untergegangen. Er sah die Leuchttürme in der Ferne mit ihrem aufblitzenden Licht, und er sah die Schiffe, wie sie mit ihren vielen Lichtern vorüberglitten.

Wie könnte das Leben doch friedlich sein, dachte er. Es ist alles da, ab und zu sogar in Hülle und Fülle, aber manche glauben, sie bekämen nie genug.

Eine Möwe setzte sich neben ihn auf die Reling und schaute ihn an. Ihr Menschen, schien sie ihm zu sagen, bekommt nie genug. Ihr wollt immer mehr. Unersättlich seid ihr und mit eurer Unersättlichkeit zerstört ihr alles.

Aber warum?, fragte er die Möwe in Gedanken. Warum sind wir unersättlich?

Ihr habt etwas verloren, schien die Möwe ihm zu sagen. Ihr habt den Zusammenhang des Lebens verloren, in dem alles lebt, auch ihr. Und ihr glaubt diesen Zusammenhang durch Essen und Trinken ersetzen zu können. Niemand kann das.

Und was sollen wir dann tun?, fragte er die Möwe in Gedanken. Sie erhob sich und begann fortzufliegen, aber sie wandte sich noch einmal um. Lasst euch berühren, schien sie ihm zu sagen. Dann stieg sie auf in die Lüfte.

Wenn das Leben zur Ruhe kommt

»Halt!«, rief der Apfelbaum zur Sonne. »Du kannst doch nicht einfach jeden Tag weniger scheinen. Ich brauche doch deine Kraft und deine Wärme. Ich kann ohne sie gar nicht leben.«

Die Sonne lächelte freundlich und sagte: »Habe ich dir nicht Kraft und Wärme im Frühjahr geschenkt?« »Ja«, sagte der Baum. »Du hast mir Kraft und Wärme im Frühjahr geschenkt.«

»Und habe ich dir nicht Kraft und Wärme im Sommer geschenkt?«, fragte die Sonne weiter. »Ja«, sagte der Baum. »Das hast du.«

»Und im Herbst?«, fragte die Sonne. »Habe ich dich da verlassen?« »Nein«, musste der Baum einräumen. »Auch im Herbst hast du mich nicht verlassen.«

Da sagte die Sonne ruhig: »Und nun bist du reich geworden. So viele rote Äpfel hängen an deinen Ästen, dass sie sich schon beugen unter ihrer Last. Soll ich wirklich noch mehr Äpfel rufen durch meine Kraft und meine Wärme?«

Der Apfelbaum wurde nachdenklich. »Willst du mir sagen, dass ich dann zusammenbrechen würde?«, fragte er die Sonne. »Dass deine Sonnenstrahlen, die ich im Frühjahr und im Sommer und im Herbst so sehr liebe, dass sie mir dann zum Verhängnis werden?«

Die Sonne schwieg.

»Willst du mir sagen, dass ich erst meine Äpfel und meine Blätter hergeben muss, ehe ich neue hervorbringen kann?« Der Baum schüttelte sich. »Dass ich die Kälte ertragen muss, ehe ich wieder blühen kann?«

»Ja«, sagte die Sonne. »Aber du hast es besser als ich. Ich kann nur meine Kraft und meine Wärme ausstrahlen, aber ich kann nie etwas hervorbringen. Weder Äpfel noch Birnen, weder Pflaumen noch Quitten. Niemand kann von mir ernten. Und wer mir zu nahe kommt, den verbrenne ich. Ich kann nur ausstrahlen, und das tue ich.«

»So will ich auch das meinige tun«, sagte der Baum. »Ich will blühen, wenn es an der Zeit ist, und Frucht bringen, wenn es an der Zeit ist. Und wenn die Zeit der Kälte kommt, dann will ich sie ertragen.«

»Aber versprich mir«, fuhr er fort. »Dass du mir auch in dieser Zeit ein paar Strahlen schickst.« »Versprochen«, sagte die Sonne gerührt. Und am liebsten hätte sie vor Rührung einige Tränen vergossen, aber eine Sonne kann ja nicht weinen.

Die Kerze

In manchen Nächten passieren die seltsamsten Geschichten, aber da wir die Nächte verschlafen, bekommen wir sie nicht mit. Doch an jenem Abend ging ich erst spät ins Bett, das heißt, ich wollte ins Bett gehen, als ich im Wohnzimmer ein lustiges Tanzen hörte. Ich war überrascht, denn außer mir war niemand im Haus. Und Einbrecher konnten es nicht sein, die würden keinen solchen Lärm machen. Also öffnete ich vorsichtig die Tür zum Wohnzimmer und schaute hinein. Und ich sah, wie alle Gegenstände, die ich tagsüber für leblos hielt, gar nicht leblos waren. Die Stühle hatten sich im Kreis aufgestellt und unterhielten sich angeregt, mein Schreibtisch brummelte vergnügt vor sich hin, die Bleistifte tanzten, die Lampen schaukelten – kurz, es herrschte ein lebhaftes Treiben.

Leise betrat ich das Wohnzimmer und fragte höflich meinen Lehnstuhl, ob ich mich setzen könnte, und er lud mich freundlich ein. Dankend setzte ich mich und schaute zu und wurde mit der Zeit so vergnügt wie all die anderen auch.

Doch plötzlich entdeckte ich eine Kerze. Sie stand auf dem Regal in der Ecke und schaute traurig vor sich hin. »Ich möchte brennen«, sagte sie, »aber ich kann nicht.« »Vielleicht musst du einfach noch wachsen«, meinte die Schere, die vorbeikam. »Oder du musst dir eine Flamme vorstellen«, schlug meine Tabakspfeife vor. »Dann kommt es von alleine.«

Doch nichts geschah. Die Kerze konnte machen, was sie wollte, sie leuchtete nicht auf. Sie blieb dunkel und wächsern. Mir schien fast, als würden ein paar Tränen an ihr herablaufen.

In diesem Moment spürte ich einen Hauch. Ein Engel flog zur Kerze und nahm sie mit. Lange blieb er mit der Kerze fort, und als er sie zurückbrachte, war sie bis zur Hälfte abgebrannt und lächelte ganz glücklich.

»Erzähl!«, riefen alle der Kerze zu. »Du schaust so glücklich aus. Erzähl uns, was du erlebt hast.« Und die Kerze erzählte: »Der Engel nahm mich mit in ein Kinderzimmer und stellte mich neben das Bett eines kleinen Jungen. ›Er hat Albträume‹, sagte der Engel. ›Seine Eltern haben sich getrennt, und er kommt damit nicht zurecht. Schenke ihm etwas von deinem Licht‹. ›Aber ich habe doch alles versucht‹, rief ich, ›ich kann doch nicht brennen.‹ Doch der Engel lächelte nur. Und, ihr könnt es glauben oder nicht, als ich voller Mitleid auf den kleinen Jungen schaute, da begann ich zu leuchten. Mein Licht fiel auf das Gesicht des Jungen. Er hörte auf, sich im Bett hin und her zu wälzen, wurde ruhiger und begann tief zu schlafen.«

»Wir freuen uns mit dir«, riefen die Stühle, » du warst so traurig gewesen, aber jetzt geht es auch dir gut«. »Ja«, nickten die Bleistifte, » du hast dem kleinen Jungen wenigstens im Schlaf Frieden geschenkt«. »Es wird wohl dein Mitleid gewesen sein«, meinte die Tabakspfeife nachdenklich, »das in dir die Flamme entzündet hat.« »Es wird wohl die Liebe gewesen sein«, meinten sie alle.

Ja, es gibt Nächte, in denen seltsame Dinge geschehen. Aber diese Nacht war wie verzaubert. Ich glaube, es lag an der Liebe, die die Kerze dem Jungen geschenkt hat, denn die Liebe macht das Leben erträglich.

Darüber muss ich eingeschlafen sein. Denn am nächsten Morgen wachte ich zu meinem Erstaunen in meinem Lehnstuhl im Wohnzimmer auf. Ich rieb mir ein wenig verdutzt die Augen. Alles stand an seinem Platz und schien sich nicht bewegt zu haben. Ich schaute zur Kerze. Sie war bis zur Hälfte abgebrannt.

Mein Engel hat mich wiedergefunden

Eines Nachts wachte ich auf. Alles lag im Dunkeln. Alles war ruhig. Ich stand auf, schüttelte mein Kissen und wollte mich gerade wieder hinlegen, als ich eine leise Bewegung hörte, so leise, dass ich für einen Augenblick nicht wusste, ob ich wirklich etwas gehört hatte. Doch dann hörte ich das Geräusch wieder. Es kam von draußen, von der Terrasse her. Ich machte das Licht nicht an, sondern ging vorsichtig die Treppe hinunter, um nachzusehen, was sich auf der Terrasse bewegte. Vielleicht war es ja nur ein Igel, der sich putzte oder eine Katze, die es sich bequem machte.

Als ich die Terrassentür öffnete, sah ich auf dem Tisch eine Kerze brennen. Und auf dem Stuhl sah ich eine Gestalt sitzen. Ich erschrak nicht, was mich sehr verwunderte, aber es ging von dieser Gestalt auch nichts Furchterregendes aus, im Gegenteil, es schien, als ob sie von einem warmen Licht durchflutet wäre.

»Du hast mich verloren«, sagte die Gestalt, »und weil du mich verloren hast, hast du dich selbst verloren.« Ich wusste nicht, was ich darauf antworten sollte und zog es vor zu schweigen. Doch ich setzte mich auf die Bank, der Gestalt gegenüber, und betrachtete sie. Ich bemerkte wieder dieses warme Leuchten, das sie durchflutete, und ich fühlte, wie ich ruhig angeschaut wurde. Bis auf meine Seele wurde ich angeschaut. »Du bist jetzt in dem Alter«, fuhr die Gestalt fort, »wo du dir Gedanken machen solltest, wie es weitergehen soll. Du hast viel erreicht in deinem Beruf, doch darüber ist deine Ehe zerbrochen, und viele Freunde hast du auch nicht mehr. Geschäftspartner ja, aber Geschäftspartner sind keine Freunde. Sie verlassen dich, wenn du ihnen keinen Gewinn mehr bringst.«

Ich fühlte, wie ich erschrak, wie ein Schaudern meinen Körper ergriff. Es war mir, als würde ich in einen Spiegel sehen und mich selbst darin erkennen. Doch der Spiegel zeigte mich nicht so, wie ich es von mir dachte. Er zeigte mich so, wie ich tatsächlich war. Und wie ich mich verändert hatte.

Ach, wie war ich doch glücklich gewesen als Kind! Wie konnte ich damals durch die Wiesen laufen und dem Rauschen der Bäume zuhören. Und jetzt? Jetzt schaute ich nur noch auf meinen Vorteil. Dass ich mir viel leisten konnte. Dass ich nach oben kam. Und es störte mich nicht, wenn ich nach unten trat.

»Ich bin dein Engel«, sagte die Gestalt. »In deiner Kindheit kanntest du mich, und wir lebten glücklich miteinander. Wir freuten uns über die vielen schönen Dinge, die es auf Erden gibt. Und wir freuten uns, wenn wir selbst das Glück verschenken konnten. Erinnerst du dich?« Ich erinnerte mich.

Und auf einmal fühlte ich eine tiefe Sehnsucht in meinem Herzen. Ich spürte, wie es mehr gab, ja, wie eigentlich die Welt ganz anders geordnet war und wie ein anderer Rhythmus sie trug. Diesen Rhythmus hatte ich verloren.

»Kann ich zurückkehren?«, fragte ich den Engel. »Jeder kann zurückkehren. Zu jedem Zeitpunkt«, antwortete der Engel. »Und wie?«, fragte ich leise. »Du darfst keine Angst davor haben. Du darfst keine Angst vor dem Glück haben«, sagte der Engel. Und ich begriff, dass das Glück nichts mit Gewinn und Besitz zu tun hatte, sondern dass es wie ein Raum war, in dem mir das Leben geschenkt wurde und in dem ich es weiterschenkte. Niemand behielt etwas nur für sich, jeder setzte es ein für seine Mitmenschen. Ja, so war es! Ja, so war der Rhythmus des Lebens! Ein Schleier wurde mir von den Augen gezogen. Ich fühlte, wie das warme Leuchten, das den Engel durchflutete, auch mein Herz zu berühren begann. Und ein Lächeln stieg in mir auf.

Entweder es passt oder es passt nicht

Heute will ich eine seltsame Geschichte erzählen. Ein wenig nachdenklich ist sie vielleicht auch, aber wir werden sehen, wie sie sich entwickelt.

Ein Messer lebte über viele Jahre mit einer Gabel zusammen. Einträchtig lagen sie nebeneinander, und einträchtig wurden sie gebraucht. So hätte es auch weitergehen können, aber das Messer blickte von Tag zu Tag missmutiger auf die Gabel herab, und eines Tages war es so weit. Das Messer sagte: »Entweder es passt oder es passt nicht, und wir passen nicht mehr zusammen.« Mit diesen Worten sprang es aus dem Besteckkasten heraus und spazierte in der Küche umher. Wie prächtig fühlte sich das Messer! Wie glänzte es! Voller Stolz schaute es um sich.

Da sah das Messer eine Kerze, die lustig vor sich hin brannte, und das Messer dachte, die Kerze wäre vielleicht eine gute Partie. Doch als es sich ihr näherte, zündete sich die Kerze eine Pfeife an und blies einen schwarzen Qualm in die Luft. Da sagte das Messer: »Entweder es passt oder es passt nicht, und wir passen nicht zusammen.«

Tja, es ist gar nicht so einfach, einen passenden Partner zu finden. Das geht nicht nur uns Menschen so, das ging auch dem Messer so. Die Blume war dem Messer zu groß, das Radio zu unheimlich, und immer wieder sagte es: »Entweder es passt oder es passt nicht, und wir passen nicht zusammen.«

Viele Tage war nun das Messer schon unterwegs, und da es nicht mehr gepflegt wurde, begann es zu rosten. Zuerst waren die Rostflecken noch klein, doch sie nahmen immer mehr vom Messer Besitz. Zuletzt sah das Messer ganz unansehnlich und hässlich aus. Davon bekam es jedoch nichts mit. Es glaubte immer noch glänzend auszusehen und stolzierte immer noch stolz herum.

Doch eines Tages kam es anders.

Ein kleines Mädchen saß im Wohnzimmer auf dem Fußboden und spielte mit seiner Puppe. Es kämmte sie lange und sorgfältig, und die Puppe sah sich im Spiegel an und nickte zufrieden. Als das Mädchen seine Kämme wieder aufräumte, da konnte es den Spiegel nicht finden. Er war unter den Esstisch gerutscht, genau vor die Füße des Messers. Jetzt blickte das Messer in den Spiegel und erschrak. Wie hässlich sah es aus! So voller Flecken! So unansehnlich war es geworden! Nein, so konnte man nicht auf Brautschau gehen. Und das Messer kehrte zur Gabel zurück.

»Ich bin wieder da«, sagte das Messer zur Gabel. »Rück ein wenig zur Seite, wir wollen es uns gemütlich machen.« Es tat so, als wäre es nie fort gewesen. Doch die Gabel rümpfte die

Nase. »Wie siehst du aus!«, sagte sie. Ich will mit dir nichts mehr zu tun haben. Du hast immer gesagt: Entweder es passt oder es passt nicht. Jetzt trifft dein eigenes Wort auf dich zu. Geh mir aus den Augen!«

In diesem Augenblick nahm eine Hand das Messer aus dem Besteckkasten und warf es in den Mülleimer. »So ein verrostetes Messer!«, hörte es eine Stimme sagen. »Es kostet uns zu viel Mühe, es wieder zum Glänzen zu bringen. Soll es dort sein, wo es hingehört.« Und da lag es nun, zwischen Apfelschalen, Teebeuteln, verschimmeltem Brot und krummen Schrauben.

Doch gibt es nicht manchmal auch Wunder? Ein Messer gehört nun mal nicht in den Mülleimer, mag es auch noch so verrostet sein. Vielleicht befreit es ja einer aus seiner misslichen Lage, nimmt sich Zeit, es zu reinigen und zu putzen, und lässt es wieder im alten Glanz erstrahlen. Ich glaube, dann wird es seine klugen Sprüche lassen und zufrieden sein mit dem, was ihm das Leben schenkt.

Die Engel der Winde

Als die vier mächtigen Engel der Winde zusammenkamen, da schauten sie ernst drein. Sie waren über die Erde gezogen und hatten gesehen, wie die Menschen sich verhielten, wie sie die Natur ausbeuteten, wie sie Kriege führten und wie sie immer weniger bereit waren, sich um ihre Nachbarn zu kümmern.

»Man müsste die Menschen auslöschen, ertränken in einer große Tsunamiwelle«, sagte der Engel des Nordwindes. »Man müsste den Lauf der Erde ein wenig verändern, dann würde eine Eiszeit kommen und alles unter einer kalten Eisschicht begraben, sagte der Engel des Südwindes. Man müsste Pest und Seuchen schicken, sagte der Engel des Westwindes, und der Engel des Ostwindes fügte hinzu: Man müsste das Feuer der Vulkane heraufrufen.«

So sprachen sie – ernst schauten sie drein.

Doch Gott hatte ihre Worte gehört, und er beschloss, die mächtigen Engel als Menschen zur Welt kommen zu lassen. Er ließ sie das Schicksal eines Großgrundbesitzers erleben und das Schicksal eines Sklaven. Er zwang sie, den Beruf eines Handwerkers auszuüben, und er befahl ihnen, sich als Soldat zu verdingen. Nach zehn Jahren ließ er sie zurückkehren.

Die mächtigen Engel schwiegen. Dann sagte der Engel des Nordwindes: »Ich wusste nicht, wie leicht ich verführbar bin.« Der Engel des Südwindes sagte: »Ich wusste nicht, wie schwer es ist, für jeden Tag zu sorgen.« Der Engel des Westwindes sagte: »Ich wusste nicht, dass ich mich am Töten berauschen konnte.« Der Engel des Ostwindes sagte: »Ich wusste nicht, was es heißt, den Weg der Barmherzigkeit zu gehen.«

»Was schlagt ihr vor?«, fragte Gott.

»Man könnte alles Elend aus der Welt schaffen«, sagte der Engel des Nordwindes. »Alle Not, alle Grausamkeit, allen Schmerz.« Doch Gott schüttelte den Kopf. »Das irdische Leben«, sagte er, »würde dann aufhören, denn im Leben durchdringen sich Licht und Schattenseiten. Aber keiner muss sich auf die Seite des Schattens stellen.«

»Man könnte«, sagte der Engel des Südwindes, »den Menschen ein Vorbild schicken, jemand, der ihnen zeigt, wie es geht, als Mensch zu leben.« Doch Gott schüttelte den Kopf: »Die Menschen sollen frei bleiben. Vorbilder würden sie nur abhängig machen.«

Da schwiegen die mächtigen Engel der Winde. Und es geschah, dass in Armut ein Kind geboren wurde und in Windeln gewickelt. Und es geschah, dass mit diesem Kind nicht aller Schmerz aufhörte und auch kein Vorbild den Menschen erschien, sondern es ereignete sich etwas anderes: Das Kind glich einem Brunnen, und wer von dem Wasser dieses Brunnens trank, der wurde heil.

Der Engel des Nebels

Langsam fiel der Nebel über Wiesen und Wald. Er verschluckte die Sonne und erlaubte den Wegen nicht mehr, den Wanderern die Richtung zu weisen. Das Licht wurde fahl, und die Bäume standen wie erstarrt nebeneinander und wurden zu schwarzen Lebewesen.

Langsam ging ich und vorsichtig, denn der Nebel veränderte alles, und was vorher klar und licht war, das wurde im Nebel verschwommen und gefährlich. Doch ich sah vor mir eine Gestalt. Sie schien zu fließen, und sie trug ein kleines Licht.

»Wer bist du?«, fragte ich die Gestalt. »Ich bin der Engel des Nebels«, antwortete sie.

Ein Engel des Nebels erschien mir seltsam. Wenn ich an Engel dachte, dann dachte ich an Wesen mit strahlender Kraft oder ich dachte an die kleinen Puttenengel auf den Postkarten. Aber an einen Engel des Nebels dachte ich nicht. Ich schüttelte den Kopf und schaute mich vorsichtig nach einem Prügel um, um mich notfalls zu verteidigen.

Die fließende Gestalt schien zu lächeln. »Du glaubst mir nicht«, sagte sie. »Aber warum sollten Engel nur im Sonnenlicht leben? Menschen leben doch auch nicht nur im Sonnenlicht. Menschen leben doch oft im Nebel. Es scheint für sie dann kein Licht mehr zu geben. Sie scheinen dann keinen Weg mehr zu sehen, der sie aus ihrer Situation herausführt. Alles erscheint ihnen dann fremd und seltsam. Als ob sie in einer anderen Welt leben würden, abgeschieden von der Welt ihrer Mitmenschen.«

»Aber«, rief ich, »wenn du all das weißt, warum vertreibst du dann nicht den Nebel? Warum lässt du die Sonne nicht wieder kommen und die Wege nicht wieder sichtbar werden?«

Der Engel des Nebels schüttelte den Kopf. »Diese Menschen sehen die Sonne nicht, auch wenn sie scheint. Sie sehen die Wege nicht, auch wenn sie klar vor ihren Augen liegen. Und ihre Seele ist so verletzt, dass sie gewalttätige Veränderungen nicht vertragen. Der Nebel ist nicht nur ihre Gefahr, er ist auch ihr Schutz.«

Ich sah auf das kleine Licht in den Händen des Engels. »Ja«, sagte der Engel des Nebels. »Ja, ich gehe in ihre Welt hinein. Ich nehme die Verschwommenheit auf mich und das graue Licht in dieser Welt. Ich sehe, wie die Wege ins Leere führen und die Bäume schwarz werden. Und ich bringe ihnen ein kleines, behutsames Licht. Es vermag sie aus dem Nebel zu führen. Doch sie müssen sich ihm anvertrauen. Sonst ist der Nebel stärker.«

»Du hast ein schwere Aufgabe«, sagte ich zum Engel. »Ja«, sagte er, »ich habe ein schweres Aufgabe. Aber sie trägt ein Licht in den Nebel hinein.«

Novemberwind

Es war dämmrig geworden, und die Bäume des Waldes begannen dunkel zu werden. Der Weg mit der Bank war noch zu sehen, und als der Novemberwind durch die Bäume fuhr, sah er den Mann, der auf der Bank saß und den Mantel enger um sich zog. Ganz verloren kam er ihm vor, als er ihm den Hut vom Kopf riss und hinauf in die Lüfte blies.

Der Mann schaute dem Hut nicht nach. Er saß einfach da, wie versteinert, und blickte vor sich hin. Er schien weder zu bemerken, dass sich der Tag allmählich neigte, noch schien er zu spüren, dass der Novemberwind Kälte mit sich brachte.

Der Wind stieß den Mann an: »Warum stehst du nicht auf und versuchst deinen Hut einzufangen?« »Warum sollte ich?«, antwortete der Mann. »Es hat keinen Sinn, es hat alles keinen Sinn.« Der Wind war erstaunt: »Warum hat alles keinen Sinn? Das verstehe ich nicht. Wenn es Frühling wird, kommt der

Frühlingswind. Wenn es Sommer wird, kommt der Sommerwind. Wenn es Herbst wird, kommt der Herbstwind, und jetzt komme ich, um dem Winterwind den Weg zu bereiten. Alles hat seine Zeit und seinen Platz und seinen Sinn. Weshalb gibt es dann für dich keinen Sinn mehr?«

Der Mann vergrub sich in seinen Mantel. »Ich habe mein Leben lang gearbeitet«, sagte er. »Ich bin früh aufgestanden und mit dem Rad zur Arbeit gefahren, und ich bin spätabends nach Hause gekommen. Es hat immer zum Leben gereicht. Ich habe eine Familie gegründet und Kinder auf den rechten Weg gebracht. Aber nun bin ich allein. Meine Frau ist nach langer Krankheit gestorben, und meine Kinder wohnen weit weg. Ich möchte ihnen nicht zur Last fallen. Und ich spüre keine Kraft mehr in mir. Die Tage sind mir grau geworden und mühevoll.«

Der Novemberwind hörte ihm aufmerksam zu. Er, der seine Freude daran hatte, Menschen die Hüte vom Kopf zu blasen und Bäumen ihre morschen Äste abzureißen, er begann den Mann sanft zu umfassen und ihm von seiner Kraft etwas zu schenken.

»Es gibt keine grauen Tage«, sagte er zu ihm. »Aber es gibt Herzen, die müde geworden sind und die dann jeden Tag als Last sehen. In diesen Tagen gilt es etwas zu lernen. Wenn die Menschen dann spüren würden, dass sich das Leben nun ihnen zuneigt und sie beschenken möchte, dann würden sie vielleicht anders empfinden. Wenn wir nicht mehr aktiv sein können, müssen wir lernen zu empfangen.«

Und mit diesen Worten erhob sich der Novemberwind und nahm wieder an Kraft zu. Doch den Hut, den er dem Mann vom Kopf geblasen hatte, legte er zu seinen Füßen zurück.

Die unwillige Kerze

Eine Kerze stand auf dem Tisch und ließ sich nicht anzünden. Nein, sie wollte nicht leuchten, und immer wenn jemand versuchte, sie anzuzünden, dann beugte sie ihren Docht zur Seite oder ließ sich umfallen. Sie wollte einfach nicht leuchten, denn, so sagte sie, was bringt mir der Glanz, wenn ich dabei verbrenne? Darüber wurde sie alt und fleckig und speckig. Sie war keine Schönheit mehr, und die Kinder wollten sie am nächsten Morgen in den Mülleimer werfen.

Doch in der Nacht setzt sich ein Engel an den Tisch und schaute die Kerze lange an. »Was bist du doch für ein starrköpfiges Wesen«, sagte der Engel. »Es ist nun mal so in der Welt, dass etwas Schönes nur dann entsteht, wenn sich jemand verschenkt.« »Aber ich will mich nicht verschenken«, antwortete die Kerze. »Ich will leben und bleiben!« »Leben?«, fragte der Engel. »Das nennst du Leben, wenn du fleckig und speckig wirst? Morgen wirst du in den Mülleimer geworfen werden, weil du zu nichts zu gebrauchen bist. Das nennst du Leben?«

Da weinte die Kerze ein paar Wachstränen. »Ich will nicht in den Mülleimer geworfen werden«, flüsterte sie, »ich will doch nur leben. Und wenn leben bedeutet, sich zu verschenken, dann will ich mich fügen.« Und es rollten noch mehr Wachstränen an ihr hinab. Da strich der Engel mit einer Hand sanft über den Docht und segnete die Kerze. Und die Kerze nahm den Segen an und beugte sich in ihn hinein. Und siehe, ihr Docht fing an zu brennen, und sie war ganz und gar vom Glanz umhüllt.

Als die Kinder am nächsten Morgen die Kerze sahen, wie sie auf dem Tisch stand und leuchtete, da freuten sie sich. Denn eigentlich wollten sie die Kerze nicht in den Mülleimer werfen, und nun brauchten sie es auch nicht. »Sie muss viel mitgemacht haben«, meinte der Junge. »Ja«, sagte das Mädchen, »aber dann hat sie das Leben angenommen.«

Winter

Schneeflocken

Es war still, so still, dass man ein helles Klingen hören konnte. Denn immer, wenn es still ist, kann man das Fallen der Schneeflocken hören. Sanft fielen sie über die Hecken und Bäume, bedeckten Straßen und Wege und setzten den Häusern des Dorfes dicke Wollmützen auf.

Nirgendwo sah man die Fußspuren eines Kindes oder eines Erwachsenen. Nirgendwo war ein Auto gefahren oder ein Schlitten gezogen worden. Nur das Klingen in der Luft war zu hören. Und die Schneeflocken, die unaufhörlich über alles fielen, hüllten das Tageslicht ein in ein dunkles Grau.

Auf dem Marktplatz hatten die Bewohner des Dorfes einen Christbaum aufgestellt. Die Schulkinder hatten ihn geschmückt mit großen bunten Laubsägearbeiten, jedes Haus hatte etwas hinzugefügt: goldene Kugeln, silberne Tannenzapfen, Strohpuppen, Nüsse und Äpfel. Und der Bürgermeister hatte höchstpersönlich dafür gesorgt, dass die elektrischen Kerzen angebracht wurden. Aber noch lag auch der Christbaum im Dunklen, denn der Abend war noch nicht angebrochen, und es war ein sparsames Dorf.

Am Fuße des Christbaumes hatte der Pfarrer eine Krippe aufgestellt. Sie war ein wenig in die Zweige des Baumes hineingeschoben: Maria und Josef, das Jesuskind, der Ochs und der Esel, sie alle schauten hinaus in den fallenden Schnee. Sie schwiegen, doch vielleicht hörten sie nur auf die Schneeflocken und ihr Klingen. Sie wollten sowieso nicht reden, sie wollten nur erinnern an ein Geschehen vor vielen Hundert Jahren, als Gott versucht hatte, den Menschen die Liebe zu bringen.

Doch ganz still war es nicht. Zwei Straßenkehrer waren unterwegs, um den Schnee zur Seite zu fegen, damit am Abend vor dem Christbaum ein Konzert stattfinden konnte.

Sie unterhielten sich leise, aber da alles still war, hörte man ihre Stimmen über den ganzen Marktplatz.

»Wenn das Kind in der Krippe reden könnte«, sagte der eine Straßenkehrer. »Was würde es uns heute wohl sagen?«

»Es hat alles gesagt, damals vor vielen Hundert Jahren. Und seitdem sind seine Worte an jedem Weihnachtsfest wiederholt worden. Mehr gibt es nicht zu sagen«, meinte der andere.

»Aber warum leben die Menschen nicht danach?« Die beiden Straßenkehrer blieben stehen und schauten auf das Kind in der Krippe.

»Vielleicht hat es unsere Herzen nicht erreicht«, meinte der eine, »denn wenn die Liebe das Herz eines Menschen nicht erreicht, kann sie nicht wirklich werden.«

»Und wie erreicht die Liebe das Herz eines Menschen?« Der andere schaute nachdenklich auf das Kind in der Krippe.

»Hörst du es?«, fragte der eine Straßenkehrer. »Was soll ich hören?«, fragte der andere. »Das Klingen der Schneeflocken. Hör nur, wenn sie fallen, dann klingen sie.« Der andere hörte. »Ich höre nichts«, sagte er nach einer Weile, »ich höre nichts.« »Siehst du«, sagte der eine, »so ist es mit der Weihnachtsgeschichte auch. Sie klingt nur bei dem, dessen Herz für sie offen ist.«

»Dann will ich es lernen«, sagte der andere. Und behutsam setzte er seinen Besen an und fegte den Schnee ganz sacht zur Seite: »Von den Schneeflocken will ich es lernen.« Noch einmal sahen sie beide zum Kind in der Krippe. Dann nahmen sie ihre Arbeit wieder auf, um den Marktplatz für das Konzert vorzubereiten. Ganz sacht fegten sie den Schnee zur Seite.

Im Park

Die Dämmerung löste allmählich das Tageslicht ab und hüllte alles in eine weiche Stimmung. Die alten Bäume des Parks standen ruhig an den Wegen, die Raben saßen unbeweglich auf den Ästen, nur hier und da leichtes Flügelschlagen, aber sonst war es still. Schnee fiel in leisen Flocken, und wenn der Mann, der am Weiher stand, genau hinhörte, so nahm er das Fallen der Flocken wahr: Ein Sirren lag in der Luft.

Der Mann blickte auf das Wasser des Weihers. Die Schwäne und Enten waren schon lange in ihr Winterquartier gebracht worden. Eis hatte sich noch nicht gebildet. Der Weiher lag unbeweglich vor ihm, nichts rührte sich.

Der Mann dachte zurück an die Weihnachtszeit in seiner Kindheit. Wie hatte er sich auf diese Wochen gefreut und hatte sie kaum erwarten können. Er sah den Adventskalender vor sich, wie er als Kind neugierig die Fenster öffnete, um zu schauen, welche Bilder dahinter verborgen waren. Er sah den Adventskranz, wie allmählich eine Kerze nach der anderen angezündet wurde, bis alle vier Kerzen brannten und Weihnachten vor der Tür stand. Und dann das Fest selbst! Der geschmückte Baum mit seinen Kugeln, dem Lametta und den Süßigkeiten. Die Geschenke, die unter dem Baum lagen. Die festliche Stimmung. Der gemeinsame Kirchgang und die vielen Besuche an den darauffolgenden Tagen.

Für ihn als Kind klangen die Kirchenglocken in dieser Zeit anders, so als würden sie weit über sich hinausweisen und ihn aufmerksam machen wollen auf den Raum der Ewigkeit. Alles war für ihn als Kind schön gewesen, voller Zauber, und vor Aufregung konnte er oft am Abend nicht einschlafen.

Er blickte über das Wasser des Weihers und dachte darüber nach, ob Weihnachten vielleicht nur etwas für Kinder wäre, eine Zeit, die mit dem Eintritt in die Welt der Erwachsenen aufhört. Und zugleich spürte er, indem er so nachdachte, in sich eine tiefe Sehnsucht. Fast schämte er sich, sich diese Sehnsucht bewusst zu machen, doch schließlich ließ er es zu: Es war eine Sehnsucht nach Geborgenheit, nach Schönheit und Glück. Und eigentlich war es noch viel mehr: Es war eine Sehnsucht danach, geliebt zu werden und wertvoll zu sein für jemand anderen.

Der Mann schwieg. Er hörte den leisen Klang von Glocken in der Ferne. Konnte Weihnachten auch für ihn, den Erwachsenen, noch etwas bedeuten? Konnte es auch ihm Glück und Frieden schenken?

Während er so dastand, wurde ihm auf einmal bewusst, dass hier am Weiher alles gleich wertvoll war: die Bäume, die ruhig in der Dämmerung standen, die Raben, die fast nicht mehr zu sehen waren, das Schilf am Ufer, der Weg durch den Park und die Schneeflocken, die sanft vom Himmel fielen. Nirgendwo spürte er eine Geringschätzung. Alles war, wie es war, und es war gut so. Und er dachte, vielleicht machten die Menschen sich das Leben selbst schwer und jammerten dann darüber, wie schwer ihr Leben war. Eigentlich war das unnötig, denn man könnte das Leben auch gemeinsam leben: einfach und mitmenschlich und in Achtung voreinander. Ja, in Achtung voreinander. Und man könnte sich gegenseitig wertschätzen. Die Geschichten der Weihnachtszeit erinnerten sie alle daran, einander mit freundlichen Augen anzuschauen und einander entgegenzukommen. Was hinderte sie daran? Eigentlich nur sie selbst.

Es war fast dunkel geworden. Die Schneeflocken fielen dichter, doch der Mann lächelte. Er wollte sich nicht mehr daran hindern lassen, weihnachtlich zu leben. Als er zurückging, war er von Vorfreude erfüllt.

Gibt es noch Wunder?

»Eigenartig«, sagte die kleine Maus, die sich im heruntergefallenen Stroh unter einer Krippe versteckt hatte. »Heute war so viel los, wie es sonst das ganze Jahr über nicht der Fall war.« »Ja, eigenartig«, pflichtete ihr ihre Gefährtin bei. »Sonst war immer nur der Esel da, und ab und zu hat der Ochse hereingeschaut, aber diesmal – es fing schon in der Nacht an, als auf einmal ein verirrtes Ehepaar hereinstolperte und die Frau auch gleich noch ein Kind zur Welt brachte. Mitten in unserem gemütlichen Stall. Diese Aufregung! Ich hatte mir eine ruhigere Nacht vorgestellt.« »Und vor allem eine dunklere«, pflichtete ihr die kleine Maus bei. »Denn plötzlich erstrahlte alles in einem hellen Licht, selbst die letzten Spinnweben konnte man noch sehen. Ein Stern leuchtete von draußen herein. Direkt auf das Kind. Er hätte es doch schlafen lassen können nach all den Anstrengungen der Geburt.« »Das Kind hatte gar keine Möglichkeit zu schlafen«, erwiderte ihre Gefährtin. »Dieser Lärm, der auf einmal herrschte. Überall schwebten Engel herum und sangen. Ich hätte mir gerade von Engeln etwas mehr Rücksichtnahme erwartet, aber die Zeiten haben sich anscheinend geändert.«

Ja, so ist es wohl, wenn zwei Nachbarinnen zusammenstehen. Da gibt es immer viel zu erzählen und vor allem, da gibt es viel zu kritisieren. Und wenn man alles erzählt hat, kann man wieder in Ruhe seiner Arbeit nachgehen.

Doch diesmal wurde daraus nichts. Denn kaum wollten die beiden Mäuse in ihr Loch zurückhuschen, da hörten sie schwere Schritte und mussten unter der Krippe bleiben. Männer kamen herein, in edle Kleider gehüllt, und sie hielten kostbare Gaben in ihren Händen. Sie begrüßten freundlich die beiden Eltern und knieten vor dem Kind in der Krippe nieder. »Wir sind Könige aus fernen Landen«, sagte der eine, »und wollen dem Kind unsere Hochachtung erweisen. Es wird einmal mächtiger sein als wir. Es wird den Menschen den Weg zum menschlichen Leben weisen. Wir haben ihm etwas mitgebracht.« Und sie legten behutsam Gold, Weihrauch und Myrrhe neben das Kind und gingen wieder.

Die kleine Maus war sehr nachdenklich geworden. »Könige knien doch sonst vor niemandem«, sagte sie. »Mit dem Kind muss es etwas Besonderes auf sich haben.«

»Ich weiß nicht so recht«, sagte ihre Gefährtin. »Das waren nur Könige aus fernen Ländern. Und die ziehen auch wieder zurück in ihre fernen Länder. Ich glaube eher, das waren Ausnahmekönige. Unser König jedenfalls hat sich nicht blicken lassen, nicht einmal einen Diener hat er geschickt. So schnell ändert sich die Welt nicht.«

»Meinst du, es bleibt alles wie zuvor?«, fragte die kleine Maus. »Meinst du, es gibt keine Wunder? Das Leben bleibt, wie es ist? Die Mächtigen herrschen wie immer? Kriege und Hungersnöte bleiben unser Alltag?«

»Natürlich«, antwortete ihre Gefährtin. »Die Welt macht sich doch nichts aus einem Kind, das im Stall geboren wurde. Da mag der Stern noch so hell scheinen, und da mögen die Engel noch so schön singen. Das menschliche Herz wird von solchen Dingen nicht berührt.«

»Aber es waren drei Könige da«, widersprach die kleine Maus. »Die waren doch nicht zu übersehen!«

»Es waren nur drei. Außerdem kamen sie aus der Ferne und zogen wieder in die Ferne. Die haben mit uns nichts weiter zu tun«, sagte ihre Gefährtin.

Aber die kleine Maus lächelte. Es war, als hätte ein Sternenstrahl ihr Herz berührt. Oder war es der Gesang eines Engels? »Es gibt doch Wunder«, flüsterte sie. »Sie kommen mit den Kindern. Und manchmal werden sie auch wahr. Warum sollte es bei diesem Kind anders sein?« Und sie spürte den Frieden, der von dem Kinde ausging, und huschte in Frieden in ihr Mauseloch.

Doch ihre Gefährtin blieb unter der Krippe und sagte: »Was kann man von einem Kind schon erwarten? Warum sollte es sich anders verhalten, wenn es erwachsen geworden ist?«

Ja, so ist es wohl immer: Das Wunder muss zuerst unser eigenes Herz berühren. Erst dann kann es in der Welt Fuß fassen.

Der Apfelbaum im Schnee

Es schneite. Es schneite schon seit Tagen. Sanft fielen die Schneeflocken vom Himmel und deckten alles zu. Und indem sie alles zudeckten, wurde das Leben ruhig. Die Menschen konnten gar nicht mehr so viel tun. Sie begnügten sich damit, die Wege vom Schnee freizuhalten, auf die Arbeit zu gehen und dann am Abend zu Hause zu sein. Einladungen wurden wieder ausgesprochen. Eltern und Kinder hatten wieder Zeit füreinander. Und wenn es dunkel wurde, so sahen die Städte und Dörfer aus wie Adventskalender, glitzernd und bunt.

Wie üblich ging ich am Abend noch ein paar Schritte an die frische Luft. Das mache ich jeden Abend so. Ich kann dann noch einmal über alles nachdenken und es dann meist auch abschließen. Und wenn ich es abgeschlossen habe, komme ich entspannt zurück und lasse den Tag mit einem Glas Wein ausklingen.

Diesmal war es anders: Ich sah am Rande des Waldes ein Licht. Dieses Licht war mir bisher auf meinen Abendspaziergängen noch nicht aufgefallen. Ich ging hin, doch als ich dort ankam, konnte ich nur staunen: Ich sah einen Apfelbaum, eingehüllt in goldenen Glanz und übervoll mit Äpfeln.

»Was machst du?«, fragte ich den Apfelbaum verwundert. »Kennst du mich denn nicht?«, antwortete der. »Du gehst doch immer an mir vorbei, und im Herbst pflückst du ab und zu einen Apfel von mir. Du musst mich kennen!«

»Ja«, gab ich zu. »Ich kenne dich. Doch das mit den Äpfeln ist im Herbst. Da ist es auch ganz in Ordnung. Aber im Winter ist es nicht in Ordnung. Im Winter, da sollst du ruhig dastehen, dich vom Schnee bedecken lassen und auf den Frühling warten.«

Der Apfelbaum lachte. »Was bist du nur für ein Bürokrat!«, sagte er. »Willst mir vorschreiben, wann ich Äpfel zu tragen habe und wann nicht? Und wenn es mir einfach Freude macht?«

»Freude?«, rief ich erstaunt. »Wie kann es im Winter Freude machen, Äpfel hervorzubringen. Da warten doch nur Frost und Raureif, Schnee und Kälte darauf, sich auf deine Äpfel zu stürzen und sie erfrieren zu lassen.« »Tun sie aber nicht«, sagte der Apfelbaum. »Oder siehst du an meinen Zweigen einen erfrorenen Apfel?«

Ich schaute die Äpfel an und musste dem Baum recht geben. Rot sahen die Äpfel aus, rot und reif, richtig zum Reinbeißen.

»Aber warum bringst du alles durcheinander? Es hat doch alles seine Ordnung. Im Frühling blüht alles. Im Sommer reift alles heran. Im Herbst wird geerntet. Und im Winter ruht alles. Warum willst du denn eine Ausnahme sein?«

Da wurde der Apfelbaum ernst. »Ich will keine Ausnahme sein«, sagte er. »Ich folge nur meinem Herzen. Mein Herz freut sich am Leben, und seine Freude drückt es in den Äpfeln aus. Das ist meine Möglichkeit, Freude zu zeigen, du hast vielleicht andere.« Der Apfelbaum schaute mich nachdenklich an, denn er schien nicht so recht daran zu glauben, dass auch ich mich freuen wollte. Dann fuhr er fort: »Freude kann man immer zeigen. Freude hängt nicht vom Zeitpunkt ab. Warum kann ich mich nicht im Winter freuen?«

Darauf wusste ich nichts zu sagen und stapfte zurück. Ich schüttelte immer wieder den Kopf und redete laut vor mich hin, doch als ich an der Tür meines Hauses stand, drehte ich mich um und schaute zum Waldrand hinüber. Da stand er und leuchtete und leuchtete. Voller Freude. Und da nahm ich meine Mütze vom Kopf und winkte ihm zu. »Bleib wie du bist«, rief ich. »Bleib wie du bist, du verrückter Apfelbaum.« Und seitdem weiß ich bis heute: Zur Freude gehört ein wenig Verrücktsein.

Die Zeit der Wege

Der Winter hielt das Land fest im Griff. Er hatte seine Schneewolken über Bäume und Sträucher ausgeschüttet und die Landschaft mit seinem Frost verzaubert. Wie funkelte es in allen Farben, wenn die Sonne ihre Strahlen auf die Zweige und Gräser und Halme aussandte! Es war, als ob alles verzaubert wäre.

Ich stapfte ein wenig mürrisch zu meinem Freund hinüber, dessen Haus am Rande des Waldes lag. Diese Anzieherei mit Mantel und Schal und Mütze! Diese Kälte, die mich zwang, mich einzumummeln wie ein Eisbär! Dieser Schnee, durch den ich nur stapfen konnte!

Ihr seht, ich hatte nicht die beste Laune.

Mein Freund lächelte nur, als er mich in seine Wohnung hereinbat. Und als ich dann, mit einem Glas Glühweins versorgt, im Wohnzimmer saß, begann ich nicht nur äußerlich aufzutauen, sondern auch innerlich. Hier, im warmen Zimmer, sah die Welt draußen recht passabel aus. Doch das Murren konnte ich nicht lassen.

»Warum muss es immer diese Winterzeit geben«, brummte ich. »Es könnte doch wirklich Sommer bleiben. Da müsste ich nicht so viel anziehen, wäre nicht jeden Morgen gezwungen, Schnee zu schippen und könnte am Abend in Ruhe auf der Terrasse sitzen.«

Mein Freund stimmte mir zu und lud mich zu einem Spaziergang in den Wald ein. Nur zu einem kurzen Spaziergang, versprach er, und außerdem würde er danach eine gute Flasche Wein aufmachen.

So waren wir also wieder draußen, und ich war doch so froh gewesen, endlich im warmen Zimmer zu sein! Doch mein Freund kümmerte sich nicht um meine Laune. Er nahm mich einfach mit in den Wald, und nach einiger Zeit wurde ich aufmerksam. Ich begann zu schauen.

Ich sah durch die Bäume hindurch. Es waren viele Laubbäume darunter, die ihre Blätter abgeworfen hatten, und ich konnte die Lichter eines Dorfes in der Ferne sehen. Das war im Sommer nicht möglich, denn im Sommer verdeckten die Zweige mit ihren Blättern diesen Blick. Aber jetzt konnte ich die Häuser des Dorfes sehen.

Ich hatte den Eindruck, dass manche der Sträucher und Bäume, die im Herbst durch die Last ihrer Blätter und Früchte niedergedrückt wurden, jetzt aufrechter standen. Alles, so schien es mir, hatte viel mehr Platz, und auch ich fühlte mich freier.

Mein Freund nahm meine Veränderung wahr und lächelte ein wenig. Dann zeigte er mir die Wege. Und ich war ganz erstaunt, dass so viele Wege da waren. Ich war bisher immer auf dem Hauptweg spazieren gegangen und hatte sie nicht bemerkt.

Ein Weg tauchte zwischen Sträuchern auf, die ihn bisher verdeckt hatten. Und ich sah an den Spuren im Schnee einen Pfad, den die Tiere gingen. Und dort hinten zeichnete sich durch den Schnee ein kleinerer Weg ab, den ich im Sommer wegen des Grases nicht wahrgenommen hatte.

Im Winter wurden die Wege sichtbar. Der Winter zeigte, dass es viel mehr Verbindungen gab, als der Sommer zuzulassen schien.

Später, beim Glas Wein, schaute ich zum Fenster hinaus. »Ja«, sagte mein Freund zu mir. »Wir brauchen diese Zeiten, wo alles sich zurückzieht und wieder einfach wird. Denn in diesen Zeiten sehen wir die Möglichkeiten, die wir dann später leben können. Im Trubel sehen wir sie nicht.« Er erhob sein Glas und sagte: »Zum Wohl!« Und ich stieß voller Nachdenklichkeit mit ihm an.

Lebensklarheit

Er ging durch den verschneiten Wald. Schnee lag auf den Zweigen der Tannen und drückte die Äste zum Erdboden. Der Weg war nur begehbar, weil ein Waldbauer mit seinem Traktor Reifenspuren gezogen hatte, in denen er vorwärtskommen konnte. Kalt war es und klar, und leise fielen Schneeflocken.

Er spürte die Ruhe um sich. Er spürte Weite und Gelassenheit. Es war, als hätte er die Tür zu einer anderen Welt geöffnet und wäre in sie hineingegangen. Der Schnee knirschte unter seinen Füßen, und in der Ferne hörte er das Krächzen einiger Vögel.

Er liebte diese Zeit. Das ganze Jahr über musste er sich mit so vielen beruflichen Anforderungen auseinandersetzen, und er erlebte, wie die Auftraggeber ihre Aufträge immer schneller erfüllt haben wollten und wie sie immer unverschämter auftraten. Es war für ihn unverständlich, wie bereitwillig Menschen ihre schlechten Seiten zeigten, wenn sie die Möglichkeit dazu hatten.

In den letzten Jahren war die Höflichkeit zum Fremdwort geworden, die respektvolle Zusammenarbeit war einem respektlosen Konkurrenzdenken gewichen, und die Qualität der Produkte war gesunken. Innerhalb nur weniger Jahre war alles durcheinandergekommen, und kaum jemand erinnerte sich an die alten Werte.

Hier im verschneiten Wald atmeten die alten Werte noch. Der Schnee fiel, die Tannen wuchsen, und die Luft war klar und rein. In der Ferne krächzte ein Vogel, und sein Krächzen machte die Stille hörbar.

Es sind die Sanftmütigen, die das Erdreich besitzen, das wusste er nun: die Hörenden, die Wahrnehmenden, die, die noch Respekt und Achtung vor dem Leben eines anderen haben. Denn sie sind Kinder einer Kraft, die auch ihn selbst ins Leben gerufen hatte. Und sie sind lebendige Bausteine eines Fundamentes, das alles durchwebt.

Es sind die Barmherzigen, die die Gesellschaft erhalten. Sie sind unabhängig von der Gier der Börsennotationen und des Konkurrenzkampfes. Ihnen geht es darum, dass der Lebenshauch, den Gott in einen jeden Menschen hineinlegt, sich auch entfalten kann. Sie wollen nicht zerstören und für sich horten, sie wollen teilen und aufbauen.

Hier, in der Klarheit und Einfachheit des Waldes, wurde ihm dies alles wieder bewusst. Doch diesmal sollte ihn diese Erkenntnis nicht nur hier auf dem verschneiten Weg berühren, er wollte sie mit hineinnehmen in seinen Alltag. Er wollte in der Wahrheit des Lebens bleiben. Doch er wusste, in der Welt der Menschen war diese Wahrheit immer mit Leiden verbunden. Auch dies hatte er noch nie verstanden, denn es schien ihm, als würden die Menschen vor dem, was sie suchten – Liebe, Verständnis und Barmherzigkeit –, zugleich fliehen. War es wirklich so schwer, aus dem Herzen heraus zu leben?

Es wurde dunkel, und er kehrte um. Und er dankte dem Wald für die Lebensklarheit, die er ihm geschenkt hatte.

Stille

Der Mönch stand am Tor seines Klosters und schaute hinunter zum Wald. Alles war überzogen von einer dicken Schneedecke. Ein kleiner geräumter Weg schlängelte sich zum Wald hin, die ganze übrige Landschaft war tief verschneit. Stille umgab ihn. Nur ein leichtes Klingen war zu hören, das die Schneeflocken sangen, die gleichmäßig vom Himmel herabsanken.

Auch im Kloster war es ruhig. Die dicken Mauern trugen Schneehauben, eine weiße Decke hatte sich über den Klostergarten gelegt, und von den Dächern der Gebäude hingen lange durchsichtige Eiszapfen. Ab und zu flog eine Krähe auf und durchbrach mit ihrem Krächzen die Stille.

Der Mönch stand am Tor seines Klosters und schaute hinunter zum Wald. Geheimnisvoll lag der Wald vor ihm, verborgen hinter dem Schneetreiben. Die Bäume standen in sich versunken und reckten ihre Zweige schweigend in die Luft. Es schien, als würde ein Traum alles miteinander verweben.

Es war keine Stille des Todes. Das spürte der Mönch. Denn wenn er dem Tod gegenübergestanden war, dann hatte der Tod jemanden mitgenommen, dann hatte der Tod etwas auf Erden zu Ende gebracht und abgeschlossen.

Er spürte eher eine Stille des Werdens. Er wusste, dass die Felder unter der Schneedecke sich zum Blühen bereitmachten und dass die Bäume trotz der Kälte ihre Knospen schon trugen. Dennoch blühten die Felder noch nicht und sprangen die Knospen noch nicht auf.

Waren solche Zeiten der Stille notwendig? Genauso notwendig wie die aufblühende Kraft des Frühlings, wie die Fülle des Sommers und die Reife des Herbstes? Lag in dieser Stille eine besondere Kraft, ohne die all das andere, das Vor-Augen-Liegende, nicht möglich war? War das Verborgene die Voraussetzung für das Sichtbare? Waren Träume die Voraussetzung für die Klarheit, ja ihre Wurzeln?

Der Mönch stand am Tor seines Klosters und schaute hinunter zum Wald. Alles war überzogen von einer dicken Schneedecke. Ein kleiner geräumter Weg schlängelte sich zum Wald hin, aber die ganze übrige Landschaft lag tief verschneit vor seinen Augen. Stille umgab ihn. Nur ein leichtes Klingen war zu hören, das die dicken Schneeflocken sangen, die gleichmäßig vom Himmel herabsanken. Und der Mönch spürte, wie das Geheimnis des Lebens ihn berührte.

Einer trage des andern Last

Die Dunkelheit lag seit Wochen über dem Dorf, das tief verschneit in den Bergen versteckt lag. Nur wenige Stunden am Tage zeigte sich ein leichtes Dämmern, wurden die Bäume und Sträucher für einen Augenblick sichtbar, konnte man die dichte Wolkendecke am Himmel erkennen, dann fiel alles wieder zurück in die Dunkelheit.

In jenen Tagen gab es noch kein elektrisches Licht, das einem zumindest auf künstliche Weise die Wege und Straßen erhellte. Es gab keine Autos, die einen mit dem nächsten Ort verbanden, kein Telefon, durch das man die Stimme seines Nachbarn hören konnte. Und es gab keine Schneefräsen, die den Schnee zur Seite schoben.

In jenen Tagen mussten die Wege noch freigeschaufelt werden, und wer das Jahr über nicht genug Brennholz gestapelt hatte, der musste jetzt frieren. Und wer im Herbst sich nicht genug um Vorräte gekümmert hatte, der musste jetzt hungern. Doch am schwersten zu ertragen war die Dunkelheit. Sie schien jede Lebenskraft aus den Menschen herauszusaugen, jeden Mut und jede Hoffnung, und die Kerzen und

Öllampen waren nur ein kümmerlicher Ersatz gegenüber den hellen Strahlen der Frühlingssonne.

Der alte Mann saß am Tisch und las in seiner Bibel. Sein Großvater hatte schon darin gelesen, und er selbst war in ihren Bildern und Gedanken von frühester Jungend an aufgewachsen. Die Öllampe schenkte ihm ihr Licht, und hinter ihm knisterte das Feuer im Kamin. Ja, die Dunkelheit schien in diesem Jahr länger zu dauern als sonst, doch der alte Mann wusste, dass die Zeit einem nur länger erschien, weil die Widerstandskraft des Herzens nachließ. In wenigen Wochen würde die Sonne die dicke Wolkendecke durchbrechen, den Schnee wegschmelzen und die Blumen hervorlocken. Doch die Zeit bis dahin musste ertragen werden, erduldet und durchgestanden.

Es klopfte an der Tür. Der alte Mann stand auf und öffnete sie vorsichtig, damit nicht zu viel Schnee und Kälte hereindringen konnten. Ein kleiner Junge stand davor. Es war der Nachbarsjunge. Er war schmaler als sonst, und seine Augen waren gerötet.

»Meine Eltern schicken mich«, sagte er leise und schaute auf den Boden. »Wir haben nichts mehr zu essen. Und kalt ist es auch.«

Der alte Mann schwieg. Er dachte daran, wie er die Nachbarn vor dem Winter gewarnt hatte. Sie waren erst in diesem Jahr aus der Stadt gekommen und hatten seine Warnungen leichtfertig in den Wind geschlagen. Sie konnten sich nicht vorstellen, welche Macht die Naturgewalten über dieses Dorf hatten, wenn ihre Zeit da war. Und nun war es so gekommen, wie er es gesagt hatte. Doch er schwieg. Er bat den Jungen herein, füllte einen Rucksack mit Brot und harter Wurst und hängte ihn dem Jungen um. Dann schrieb er etwas auf einen Zettel und steckte den Zettel ein. Danach zog er seinen Mantel an, nahm einen Schlitten von der Wand und legte Brennholz darauf. Darüber zurrte er sorgfältig eine Plane fest, damit das Holz nicht nass wurde. So zogen sie los, der Junge und der alte Mann.

Sie mussten sich einen Weg durch das Dorf bahnen und über die kleine Holzbrücke gehen, ehe sie ankamen. Die Nachbarn wagten nicht aufzuschauen, denn auch sie erinnerten sich an die Warnungen des alten Mannes vor dem Winter, die sie nicht beachtet hatten. Doch der alte Mann beschämte sie nicht. Er versorgte sie mit allem, was er mitgebracht hatte, und reichte ihnen dann den Zettel, den er sich eingesteckt hatte. »Einer trage des andern Last«, stand auf dem Zettel, » so erfüllt ihr den Willen Christi.« »Das habe ich in meiner Bibel gefunden«, sagte er, »und danach müssen wir hier draußen leben, sonst überleben wir nicht.« Und dann stapfte er wieder hinaus in die Dunkelheit.

Weihnachten

Was macht Weihnachten aus?, dachte ich, während ich durch die Fußgängerzone einer kleinen Stadt ging. Die Fenster der Kaufhäuser waren hell erleuchtet, die Kinder drückten ihre Nasen an die Scheiben und staunten. So vieles gab es zu sehen. So viele bunte und glitzernde Dinge. Da bewegte sich ein Teddybär und dort fuhr eine Bimmelbahn durch eine Berglandschaft. Sie wollten gar nicht weitergehen.

Buden standen in der Fußgängerzone. Der Duft von Glühwein und Bratwürsten lockte. Sterne leuchteten an den Häusern, ein Posaunenchor spielte Weihnachtslieder. Und der Schnee senkte sich in großen weißen Flocken über die Stadt.

Was macht Weihnachten aus?, dachte ich. Ich dachte zurück an meine Kindheit und an das verschlossene Wohnzimmer, wo der geschmückte Tannenbaum stand. Ach, wie warteten wir damals darauf, dass eine helle Glocke erklang und wir endlich am Spätnachmittag das Wohnzimmer betreten durften. Viel gab es damals nicht, einen Malkasten vielleicht oder das Angelspiel, aber die Kerzen und das Lametta leuchteten und verzauberten alles.

Und eine schwache Erinnerung tauchte in mir auf, eine Erinnerung an eine Weihnachtsfeier der Besatzungsmacht nach dem Krieg. Ich sah mich mit vielen Menschen in einem großen Saal. Wir saßen an langen Tischen. Und ich erinnerte mich an eine Tüte mit Mandarinen und Nüssen und Lebkuchen.

Vieles hatte sich seitdem verändert. Es gab viel mehr zu kaufen als früher. Nichts war mehr etwas Besonderes. Spendenbriefe überschütteten einen, und manche klagten bereits bei den Vereinsfeiern über das zu viele Essen. Und dennoch feierten sie alle Weihnachten.

Was macht Weihnachten aus?, dachte ich und ging durch die Fußgängerzone. Die Schneeflocken fielen jetzt dichter, und ich setzte mich in ein Café und schaute hinaus auf das Treiben draußen. Kinder lachten. Erwachsene trugen schwere Einkaufstaschen. Jugendliche bewarfen sich mit Schneebällen.

Als ich ein Zuckerstückchen in meinen Espresso warf, wusste ich es. Das Besondere dieses Festes sieht man nicht. Das Besondere ist wie ein Zuckerstückchen, das sich auflöst und den bitteren Espresso süß und genießbar macht. Und ich begriff: Das Besondere des Weihnachtsfestes bestand darin, dass sich Gott in die Welt der Menschen hinein auflöst, um diese Welt erträglich zu machen.

Warten

Er hörte seine eigenen Schritte – und es war ihm langweilig. Nichts geschah, nichts. Als er auf eine Lichtung trat, sah er ein Dorf. Er sah die Höfe, er sah den Rauch aus den Schornsteinen aufsteigen, doch sonst bewegte sich auch dort nichts. Nur Schweigen und Stille umgaben ihn.

Du bist nicht mehr gewohnt zu warten, sagte er zu sich. Du willst, dass immer etwas geschieht. Du möchtest Neues, Anregungen, Abwechslungen. Doch hier gibt es nichts, gar nichts. Das bist du nicht mehr gewohnt.

Er erinnerte sich an seine Kindheit.

Als Kind war er oft bei seinen Großeltern auf dem Bauernhof gewesen. Die Tage waren dort einfach und ruhig verlaufen. Er war mitgegangen, wenn die Hühner gefüttert wurden. Er hatte Kartoffeln aus der Erde geklaubt. Und am Sonnabend hatte er mit einem Rechen ein Muster auf den Wegen gezogen. Es war ein gleichmäßiger, ruhiger Lebensrhythmus gewesen, und er hatte keine Langeweile empfunden. Obwohl es weder Telefon noch Fernseher gegeben hatte.

Dafür hatte er die Schwalben oben am Himmel beobachtet und sich vor den Gänsen gehütet, die nach ihm schnappten. Er hatte den Duft der Rosen im Vorgarten gerochen und den Geruch des Strohs in der Scheune. Er hatte die Kälte des Wassers vom Brunnen gefühlt und die Wärme des frisch gebackenen Brotes vom Bäcker. Damals war er verwoben gewesen mit dem Leben, und es war ihm gut gegangen.

Er stand immer noch auf der Lichtung und schaute hinüber zum Dorf. Er erkannte, dass er die ursprüngliche Beziehung, in der er einmal lebte, verloren hatte. Es musste immer etwas von außen kommen und ihn aktivieren. Und wenn nichts kam, wurde es ihm langweilig. Er war abhängig geworden.

Er stand da und schaute. Er sah die Höfe und den Rauch, der aus den Schornsteinen aufstieg. In der Ferne hörte er einen Zug – und plötzlich war es ihm, als würde sich alles verändern. Die Stille um ihn herum begann sich zu öffnen. Das Schweigen um ihn herum begann sich zu füllen. Auf einmal begriff er, dass das Warten kein Warten war und die Leere keine Leere. Und dass die Langeweile einen erst dann bei der Hand nahm, wenn man sich selbst von den Lebensbeziehungen abschnitt. Es wurde ihm bewusst, dass es eine Kraft im

Unsichtbaren gab, die niemand fassen konnte. Diese Kraft bereitete das Sichtbare vor. Sie war vorher da, und sie war in allem. Als Kind war er mit dieser Kraft verbunden gewesen, doch als er älter geworden war, hatte er diese Verbundenheit verloren.

Er schüttelte den Kopf und wunderte sich über sich selbst. Wie einfach war es, in die Irre zu gehen, er hatte es nicht einmal bemerkt. Über die Jahre hinweg war dies geschehen, und irgendwann war er sich selbst fremd geworden. Abhängig war er geworden von den äußeren Dingen, und da war ihm die Langeweile begegnet.

Aber nun lächelte er und sah sich um. Er sah die Waldwege, die übrig gebliebenen Schneereste und die kahlen Bäume. Er fühlte die Stille und das Schweigen, er ahnte die verborgene Lebendigkeit in allem. Sichtbar war sie noch nicht, aber sie bereitete sich darauf vor, sichtbar zu werden. Und plötzlich begann sie, auch ihn wieder zu berühren. Wie damals, als er noch ein Kind gewesen war. Und als er umkehrte und nach Hause zurückging, verflüchtigte sich die Langeweile, als wäre sie nie da gewesen.

Der Spatz und der Rabe

»Hörst du nicht?«, fragte der Spatz den Raben. Sie saßen nebeneinander auf einem nassen Ast und schauten auf die Winterlandschaft. »Was soll ich hören?«, krächzte der Rabe und schaute sich um. »Das Leben«, sagte der Spatz. »Das neue Leben sollst du hören.« »Ich höre nichts«, antwortete der Rabe. »Ich höre überhaupt nichts.« Und er schaute missmutig auf die kahlen Bäume und die Schneeverwehungen und den zugefrorenen Bach. Er hasste den Winter, der ihm das Leben so schwer machte. Und außerdem, was wollte der Spatz eigentlich von ihm? Er fing an ihm lästig zu werden.

Vielleicht hatte der Rabe ja auch recht, und der Spatz langweilte sich nur. An einem solch grauen Tag, wo nirgendwo etwas blühte, wo kein Sonnenstrahl die Federn erwärmte, da brauchte dieser kleine Vogel vielleicht einfach nur Unterhaltung, und da war ihm der Rabe gerade recht gekommen.

»Ich höre«, redete der Spatz einfach weiter, so als ob er die ablehnende Haltung des Raben gar nicht wahrgenommen hätte. »Ich höre, wie das Leben unter der Schneedecke sich regt. Ich höre, wie die Blumen aus ihrem Schlaf aufwachen und nach oben ans Licht wollen.« »Unsinn!«, brummte der Rabe. »Deine Fantasie geht mit dir durch. Ich höre nichts!« »Und ich höre«, sagte der Spatz, »wie die Knospen der Bäume sich regen. Ich höre ein ganz leises Knacken, so als würde sich jemand im Bett umdrehen, ehe er aufsteht.« Der Rabe schüttelte nur den Kopf, und wenn er nicht einen Schnabel gehabt hätte, sondern einen Mund, dann könnte man sehen, wie er den Mund verzog. Er sagte jetzt nichts mehr und überlegte, ob er nicht den aufdringlichen Spatz mit einem Flügelschlag verscheuchen sollte.

Auch der Spatz sagte nichts. Doch dann schüttelte er sich und sagte vorsichtig zu dem Raben, der groß und starr neben ihm saß: »Vielleicht musst du dich ja nur ein wenig bücken. Dann könntest du auch hören, wie das Leben sich regt. Vielleicht bist du einfach nur zu groß und kannst es deshalb nicht hören.«

Da kam er bei dem Raben aber gerade recht. So ein kleiner Spatz! Und der kritisierte ihn auch noch! Mit einem Schnabelhieb verjagte er ihn von seiner Seite. Doch der Spatz flog nur einen Baum weiter und tschilpte dort vergnügt vor sich hin. Soll er doch griesgrämig bleiben, dieser alte Rabe, wenn er es unbedingt will! Er hörte, wie das Leben sich darauf vorbereitete, neu zu werden.

Und er freute sich aus vollem Herzen darüber.

Der Eisregen

Noch war es nicht Frühling. Zwar spürte jeder, wie er im Anmarsch war: Die Vögel waren zurückgekommen, die Bäume öffneten vorsichtig ihre Knospen und die Sonne schickte ihre Strahlen, die den Menschen zuriefen: Bald ist es so weit! Bald ist es so weit! Aber so weit war es noch nicht. Der Winter gab sich noch nicht geschlagen und wollte sich noch nicht auf sein Ruheteil zurückziehen. Immer wieder schickte er den Frost vor und pustete Schneewolken über das Dorf.

So war es auch diesmal. Als der Mann aus seiner Haustür trat, da sah er, wie über Nacht Regen auf den noch gefrorenen Boden gefallen war. Und der Regen hatte alles mit einer Eisschicht überzogen. Ein Vorwärtskommen schien unmöglich zu sein.

Das Telefon läutete, und als er es abnahm, informierte ihn sein Freund darüber, dass der wöchentliche Morgenstammtisch in der Gaststätte ausfallen musste. »Du siehst es ja selbst«, meinte sein Freund. »Alles ist glatt, und kein Mensch kann sich auf die Straße wagen.«

Doch der Mann musste einkaufen. Der Kühlschrank war leer, und er brauchte dringend Brot und ein wenig Wurst und Käse. Er beschloss, sich trotz allem auf den Weg zu machen. Vorsichtig ging er vor die Tür und schaute auf den mit Eis überzogenen Weg.

Das Dorf lag ein wenig abseits und kam beim Schneeräumen und Streuen immer erst zuletzt an die Reihe. Erst mussten die Hauptstraßen geräumt werden, erst musste der Hauptverkehr und mussten die Busse fahren können. Dann, im Laufe des Nachmittags, waren sie an der Reihe, wenn sich das Problem nicht schon vorher gelöst hatte.

Seltsam, dachte er. Da haben wir Internet und Handys, bauen Autos mit GPS-System, stellen uns Wohnungen vor, bei denen sogenannte »intelligente« Kühlschränke informieren, wenn etwas zur Neige geht – und dann fällt ein läppischer Regen auf einen kühlen Boden, und auf einmal geht nichts mehr. Vielleicht sind wir schon zu weit von der natürlichen Wirklichkeit entfernt und berücksichtigen sie gar nicht mehr in unseren Überlegungen. Wir sind nur überrascht, wenn sie sich bemerkbar macht.

Er wollte jetzt einkaufen gehen. Er holte sich einen Rucksack, in dem er alles verstauen würde, und brach auf. Doch wie er vor seiner Gartentür am Weg stand, sah er sofort, dass er auf dem Weg nicht gehen konnte. Der Weg war vollständig mit Eis überzogen.

Aber so schnell wollte er nicht aufgeben. Und so schaute er weiter, und auf einmal sah er, dass der Rand des Weges nicht vom Eis überzogen war. Am Rand des Weges lag noch der Split der letzten Tage, schaute noch das eine oder andere Grasbüschel hervor, der Rand des Weges war von altem Laub bedeckt – und der Mann sah: Er war gehbar.

Und so ging er ihn. Langsam und bedächtig. Er kam voran, ohne zu rutschen. Als er mit wachen Augen am Rand des Weges dahinging, dachte er darüber nach, ob das nicht manchmal auch im Leben so wäre. In der Mitte kommt man zu Fall, aber am Rande kann man gehen.

Er dachte zurück an die Zeit seiner Depression. Wie hatte ihn damals die Dunkelheit verschlungen und lebensunfähig gemacht. Und wie viele Monate hatte es gekostet, diese Dunkelheit zu überwinden. Vielleicht wäre es damals einfacher gewesen, wenn er an ihrem Rand weitergegangen wäre. Denn dann wäre er nicht auf ihrem Glatteis ausgerutscht, sondern wäre – ganz nebenbei – vorbeigekommen. Er lächelte ein wenig darüber, was einem ein normaler Eisregen alles an Lebensweisheiten schenken konnte.

Der Autor

Bernd Saal war lange Jahre Pfarrer in Coburg, wo er seine Gemeinde immer wieder mit seinen selbstverfassten Geschichten begeisterte. Ein besonders gern gesehener Gast war er zudem als Vorleser in den umliegenden Altenheimen.